神さまにゾッコン愛される

夢中人の教え

山崎拓巳

保江邦夫

明窓出版

対談場所の保江邦夫先生オフィスにて

はじめに

保江先生との出会いは衝撃的でした。

物理学者の先生が、キラキラとＵＦＯについて語ってくれる。

先生の口から飛び出す宇宙人の話、神様の話、古代の日本の話……。

どれもこれも、知的好奇心が呼び覚まされる「不思議話」で、ワクワクが止まりません。


本書でも語られましたが、２００数十年続いた「土の時代」が、目の前で「風の時代」に変わりました。

数年前から聞いていた話で、「そんなに簡単に大変化するかな～」と思っていたけれど、新型コロナウイルスの影響で、本当に、一気に世界は変わったのです。


風の時代の特徴は……。

・風のように軽く
・自分軸で生きて、自分の価値観を満たす喜びが最優先

・お互いに尊重し合う人間関係に変化。タテ型社会がヨコ型社会に
・「カタチ」「テンプレート」が崩壊　あなた流にアレンジ自由
・貢献の時代。誰かのためにという利他の精神になる
・個々の所有から、シェアカルチャーへ
・仕事においても、「所属」「場所」「肩書き」から解放される
・お金の価値の変化、循環経済

こんな時代の変化に、恐怖を感じる方もいらっしゃることでしょう。
なにしろ、「脳は現状維持が大好き」ですから。
変化に恐怖を感じるのは、動物としてのあなたの脳が持っている特性です。

しかし、この時代、大切なのは「どんな変化も肯定する」姿勢です。
そして自分の「好き！　楽しい！　楽！」を大切に！
脳が「好き！」とジャッジするものを選びましょう。
心が「楽しい！」と踊る方向に進みましょう。

体が「楽だ！」と感じることが正解です。


この後も出てきますが、「中今」という言葉があります。

過去でもなく、未来でもなく、まさに「今ココ」に心がある状態です。


僕たちは、「我を忘れる」ときに、「時を忘れる」。

それを、「楽しかった！」と表現します。

そして、自分の成長を感じたりもします。


複雑さを持ち込むことなく、今感じる「心の衝動（ワクワク）」を行動に移すことができるならば、風の時代のエネルギーが、本書を読んでくださっているあなたを新しい世界に誘い、運び、活躍させてくれるのではないかと思います。


「やる気が出ないのです」

「やる気が出ても、継続できません」

この二つのお悩み相談が、セミナーでもっとも多く聞かれるものです。

本当は、やる気が出ないのは、やりたいことをしようとしていないからかもしれません。


「公務員になると暮らしが安定していいよ」

「○○という女優さん、素敵ね。あんなキレイになりたいね」

「○○歳までに、○○を達成しましょう」


他の誰かからの数多くの刷り込みが、気付くと自分の夢や目標になってしまっている。

実際、ほとんどの場合、「あなたのセルフイメージ」自体、誰かに作られてしまった虚像なんです。


「そんなこと言われちゃったら、もともこもないよ！」

そう感じる人がいるかもしれません。


しかし、朗報があります。

「あなたのセルフイメージ」は、再設定できるんです。

「ありたい自分」「ありたい未来」をイメージしてみてください。

イメージした世界を生きているあなた自身を、想像、妄想してみてください。

羅針盤はあなたのココロ。

本当になりたい自分をイメージしたなら、ピクッと反応するはずですよ。

教え込まれた情報、聞きかじったお話、テレビで言ってたあれこれで、僕たちの現実はできている。

情報のパッチワークが現実になっているのです。

でも、保江先生から注入されるエピソードは、オセロゲームのように僕たちの世界を一気に塗り替えてくれる。


引き寄せの法則を聞いたことがありますか？

あなたは、人生でそのチカラを使えていますか？

「すごく願っているのに全然、引き寄せられないんです！」という方もいるかも知れません。

引き寄せの法則では、強く願ったことが引き寄せられるのではなく、あなたに相応しい現実を引き寄せます。


言い方を変えるならば、引き寄せられない人はいない。

すでに引き寄せてしまった現実の中に、誰もが生きているわけです。

ですから、変えるべきは、「世界」ではなく「あなた」となります。


また、最近、「the art of receiving」という言葉を耳によくします。

「受け取りの美学」と訳せばよいでしょうか？

あなたが、あなた自身に許した分だけ、受け取りが行われます。


「どうしたらより良いものが受け取れるの？」

皆さんの心の声が聞こえてきます。


既に出来上がってしまっているあなたの中の世界を一度、崩壊させてみてください。

まずは一部でもいいので、崩壊させていきましょう（笑）。

この本は、それを加速させるという効果効能が期待されます。

それを楽しみにしていただき、
保江先生と山崎拓巳のワンダーランドへ、さあ、一緒に出かけましょう〜！

山崎拓巳

神さまにゾッコン愛される

夢中人の教え

――目次――

Part 1

ミッション「北斗七星の結界を破れ」【対談第1回目】

ドンッ
ドンッ

UFO

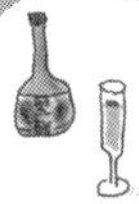

Part 2

私たちの人生は決まっているのか？【対談第2回目】

Part 3

勇気が人をセクシーにさせる 【対談第3回目】

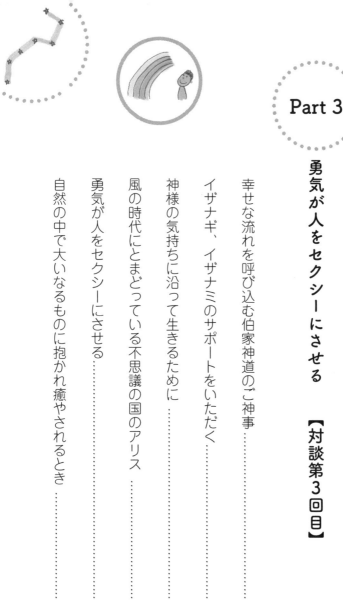

カバー・本文イラスト　山崎拓巳

Part 1

ミッション「北斗七星の結界を破れ」

【対談第1回目】

２人の心の拠《よ》りどころ

保江邦夫　山崎さん、今日はよろしくお願いいたします。

山崎拓巳　保江先生、こちらこそよろしくお願いいたします。
今日はいろんなお話をうかがえると思って、本当に楽しみにやってきました。

保江　僕もです。
山崎さんは、昨年（２０２０年）、バシャールとの対談本を出されていましたが、小さい頃から霊的な能力や霊感があったんですか？

山崎　霊感とかはないんですが、不思議な体験をしたことがあります。
あれは幼稚園のときでした。たまに思い出しても、不思議なことがあったのです。
僕は、三重県伊勢志摩の、真珠養殖業を営んでいる家に生まれました。
あのあたりには名古屋や大阪の人たちの別荘が多く、それらの別荘群と、真珠養殖場が重なるようにあります。海には養殖用の真珠筏《しんじゅいかだ》が連なり、島や半島が美しいリアス式海岸になっていて、風光明媚なところです。

僕が５～６歳くらいだったあるとき、荒れ放題だった一軒の別荘の周りの草がスッキリと刈られて、明かりが灯っていました。

誰かが住み始めたようだと思っていたら、若い中国人が数人、滞在していて、その付近の家を廻って布教活動をしているという噂が流れました。

そして、ある日、彼らがうちにもやってきたわけです。

後日、父親がその別荘に僕を連れていきました。

部屋ではろうそくが灯され、ゆらゆらと揺れる明かりの中、僕はなんだかわからないまま、たどたどしい日本語を話す２人の中国人から、手の組み方と呪文を教わったのです。彼らは、「ろうそくの火が消えると、あなたは呪文を忘れますが、手の組み方だけは覚えているはずです。困ったときには、そうして手を組んで願い事を念じなさい。

けれども、今教えたことは、人にいってはダメですよ」といいました。

そして、ろうそくの火が消えた後、やはり呪文は忘れてしまったのです。

保江　へえ、本当に忘れてしまったのですね。

山崎　そうです。

そのうちに弟が熱を出してなかなか下がらなかったので、あの別荘に行ったら治るのではないかという話になって、再度、彼らを訪ねました。

そのときは、絶対に忘れないようにしてやると決心して行ったので、呪文を覚えることができました。弟が治ったかどうかは、覚えていないのですが。

実は、今でもその手の組み方と呪文に頼っています。

けれども、彼らは忽然といなくなってしまったので、それがどんな宗教だったかはわからないのです。

保江　その呪文が、ずっと効いているわけですね。

山崎　はい。今でも、ホテルなどで不穏な気を感じたりして怖くなったときには、そうして手を組んで呪文を唱えます。

それから、ピンチのときにもやりますね。この前、息子が霊的におかしなものを拾ってきてうなされていたので、久しぶりに手を組みました。

幼稚園の頃から、それさえすればよくなるとずっと信じているのです。


保江　その頃からずっとですか。だったら、僕の河童大明神と一緒ですね。

実は僕も、幼稚園の頃から信じているものがあります。

僕には、小さなときから母親がおらず、祖母に育てられたので、いつも祖母か父親の隣で寝ていました。父親は帰ってくるのが遅いし、祖母も遅くまで仕事をしていたので、夜に寝るときはたいてい1人でした。

だから、怖いと思うときもあって、あるときから自分でなぜか、「河童大明神様」と唱え始めたのです。

実家のある岡山あたりには、別に河童が出るという伝説はないのに、なぜこんな名前を唱えだしたのかはわかりませんでした。

「大明神」なんていう表現は、なかなか子どもが自発的にしないはずなのですが、ひたすら「河童大明神様」と唱えていたわけです。

そうすると、すべてが不思議となんとかなっていたのです。

小学校や中学校でも、気が重くなるようなことが翌日にあるとか、あるいは高校や大学の受験の前とか、とにかく事あるごとに「河童大明神様、河童大明神様」といっていました。

それで見事に、僕の人生すべてうまくいきました。

そのことはほとんど忘れていましたから、最近はいいません。どちらかというと、「神様」というほうが多いですね。


そして、少し前に、はせくらみゆきさんという、精神世界で著名な霊能力者の女性と対談をしました（『宇宙を味方につける　こころの神秘と量子のちから』明窓出版）。

そのとき、何気なくこの話をしたわけですよ。そうしたら、

「あ！　わかりました。河童大明神が誰なのか」とおっしゃるのです。続けて、

「その方は、シャンバラ（『時輪タントラ』に説かれる伝説上の王国）にいる、カッパドという名の聖者様です」と。

『ヒマラヤ聖者の生活探究』（霞ケ関書房）という本に出てくるような、ヒマラヤに住んでいた聖者なのだそうです。キリストやムハンマドなどと同じような聖者の1人だということでした。

「子どもの頃からあなたを助けているのは、カッパド師です」といわれました。

そのせいか、昔からトルコのカッパドキアに行ってみたいと思っていたのです。

山崎　不気味な形の岩がたくさんあるところですね。

保江　そうです。そのことについて、「関係あるのでしょうか?」と聞いたら、「そのとおりです」との答えでした。

カッパドキアは、カッパド師が治めていた場所なのだそうです。

山崎　そうなのですね。頼れるものがあるというのは、強いですよね。

保江　確かにそうですね。

僕はその後、大学院に進学して理論物理学者になろうとしたのですが、国内では、物理学で大学教授の助手にもなれない人が大勢いて先がないので、外国に活路を見出そうと思いました。

そんな折に、運良くスイスのジュネーブ大学の先生が呼んでくれたわけです。

そこで、多くのキリスト教信者と出会って、いろんな話をしているうちに、日本の子どもと欧米の子どもの育ち方が違うという話になりました。

それが、異なった宗教観の基本になっていると。

今はもう違うかもしれませんが、昔の日本では家族が川の字になって寝るのが当たり前でした。狭い家で何世代もが一緒に暮らしていて、両親や祖父母が赤ん坊と一緒の部屋で寝ていました。

だから、赤ん坊が夜に目が覚めてちょっとでも泣けば、すぐに誰かが気づいてくれます。

一方、欧米では、子どもの自立性を高めるために、赤ん坊は子ども部屋に1人で寝かしつけられます。

眠りに入るまでは母親やベビーシッターがいますが、いったん寝たら放っておくのだそうです。夜中に泣いても放っておく。真っ暗闇の中で目が覚めてわんわん泣いても、母親は助けにきてくれないわけです。

それで欧米人は、子どもの頃から、神や超自然的なものを意識して宗教に走るわけです。

日本では、仏教も神道もキリスト教も、結局、うわべだけの信仰です。

夜怖いと思ったらすぐに母親や誰かがあやしてくれるから、神様がいらない国民なのだそうです。

ジュネーブ大学の哲学や神学の先生たちと飲みながらそういった話をして、なるほどなと思いました。

なぜ初対面から山崎さんとウマが合うのかというと、神にすがらなくてもいい日本で、我々は異端者だからです。

子どもの頃から、母親以外に頼るものがあるという精神的な柱を持っていたわけです。

今の話を聞いて、それがわかりました。

山崎　なるほど。確かに珍しい共通点かもしれませんね。

志摩、鹿島神流の奇跡

保江　しかも、育った場所が志摩でしょう。僕も、志摩には最近ご縁ができたのですね。

先日は、志摩方面の元伊勢、皇大神宮に行きました。

皇大神宮別宮の伊雑宮《いざわのみや》の向かいに、とても立派な剣道場があります。

そこの剣道場を主催していた先生はもう亡くなられましたが、小泉太志命《たいしめい》という方です。

この方は、大正時代に当時の総理大臣である近衛文麿閣下に頼まれて、後に昭和天皇になられる皇太子殿下を、霊的にお守りする役目を授かりました。

というのは、日露戦争や日清戦争で世界の大国と渡り合っていた時代には、ロシアやイギリスの王家には、必ず呪術師がついていて、戦争などの有事には、まず呪術でもって相手方を貶《おとし》めるわけですね。

一番よく使うのが、敵国の王、あるいは皇太子を狙って、呪術で病気にするという方法です。日本の場合は天皇と皇太子になるわけですが、大正天皇はお体がご丈夫ではなく、ある陰謀のために毒を飲まされ続けていたので、間もなく亡くなられました。すると、イギリスもロシアもアメリカも、当時は皇太子だった昭和天皇を呪術で貶めようと狙ってきました。

近衛文麿閣下は霊力でそれを祓うことができる人材を懸命に探して、やっと見つけたのが小泉太志命先生という剣術家だったわけです。

彼は、鹿島神流という剣術の達人でした。

ただし、その鹿島神流には國井善弥という兄弟子がいて、剣術はその方のほうが上でした。兄弟子は日本一どころか、世界一の剣術家でしたから、剣術では絶対にかないません。

ところが、その鹿島神流は、『北斗の拳』の北斗神拳と同じで、単に相手を倒すという技だけではなく、霊的な力を発揮するという技もありました。

それが、祓《はら》い太刀です。神社でもいまだにそれを行っているところもありますが、神官が刀を抜いて祓うというものです。

小泉大志命先生は、「剣術では兄弟子にかなわないから、自分は祓い太刀や霊術を主に修行する」と決めて鍛錬していました。

それで、近衛文麿閣下が、「この人物がいいだろう」とご指名になって、『菊一文字』という備前の名刀を授けられました。

そのお役目というのは、毎晩『菊一文字』を、皇居の上空に向かって３万３千回振ること……。３万３千回ですよ。

山崎　とてつもない回数ですね。どのようにされていたのか、想像もつかないです。

保江　そうですよね。大正天皇が崩御されて、皇太子殿下が昭和天皇になられてからも、１日も欠かさず毎晩、ずっと祓い太刀を続けていました。
太平洋戦争の真っ只中には、アメリカのＢ29爆撃機が、東京にどんどん焼夷弾を落として焼け野原にしました。

そのときアメリカは、昭和天皇がいらっしゃる皇居は攻撃しないはずだったのです。ところが、B29を操縦していたあるパイロットが、間違って皇居を爆撃するコースに入ってしまいました。

それを見た小泉太志命先生が、そうしたときのための特別な祓い太刀をしたところ、『菊一文字』の刀の先から何かがワッと出て、そのB29が突然消滅したのです。

山崎　それほどまでの力があったのですね。

保江　はい。3万3千回振っていた祓い太刀というのは、それほどの霊力でした。

その後、無事に昭和天皇もお守りできて平和が訪れたので、戦後にはお役目を解かれました。

その功労に報いるために、近衛文麿閣下の側近の人たちがお金を出して、伊雑宮の向かいに立派な剣道場を建てたのです。

すると太志命先生は、今度はそこから、東京のほうに向けて毎晩、祓い太刀を始めました。

3万3千回振るのに、毎晩5時間かかったそうです。

山崎　それは大変だ……。

保江　僕がなぜその道場にうかがったのかというと、その小泉太志命先生についての詳伝である『天皇防護　小泉太志命祓い太刀の世界』（ヒカルランド）を出された宮崎貞行先生に、「小泉太志命先生が晩年にいらっしゃった道場に行ってみなさい」といわれたからです。

伊勢神宮はしょっちゅう行っていましたが、志摩までは足を伸ばしたことがありませんでした。

途中、伊雑宮にほど近いところにあるおうむ岩という観光名所に寄ったのですが、不思議な場所でした。語り場という巨大な岩がある場所で話すと、小さな岩がある50メートルくらい離れた聞き場で声が聞こえてくるのです。

まるで、岩が話しているように聞こえるので、おうむ岩と名付けられているそうです。

伊雑宮も霊的なパワーが強いお宮ですし、実は志摩という場所は、伊勢よりもすごいと思うのです。

中国人の布教家がわざわざそこに家を借りたというのは、やはりあのあたりは霊的に特別なところなのでしょう。

山崎　確かに、そうかもしれませんね。

おうむ岩から、道場まで行かれたのですね？

保江　ええ。道場では、小泉太志命先生の奥様にお会いしました。

今、奥様は92歳ですが、シャキッとしておられました。

僕が訪ねていくということで、皇族の女性が外出されるときのようなスーツを着てお出迎えくださいました。

板張りの道場の真ん中に通されると、お弟子さん方も裾のほうでじっと見ているので、何かしなくちゃいけないのかなと思ってご神事をしたら、皆さん喜んでくださいました。

その後、太志命先生の2階の執務室にわざわざ通してくださったのです。

そこは、亡くなられたときのままにしてあって、虎の敷物の上に座らせていただきました。

晩年に読まれていた本などがそのまま置かれていて、交流していた著名な人からの手紙や写真を見せていただきました。

僕は合気道も教えているのですが、合気道の開祖、植芝盛平先生の写真もあって、やはりつながっているのだなと思いました。

本も古くて難しい神道系のものなどが並んでいましたが、その中に僕が昔から読んでいた愛読書が1冊あったのです。

スイス人のエーリッヒ・フォン・デニケンという人が書いた古い本です。

世界中に残っている宇宙人の痕跡やUFOの絵などが載っているのですが、それを高校、大学の頃に必死で読んでいました。

その訳本は、僕が大学1年くらいの頃に流行ったもので、ピラミッドをはじめ、世界中の七不思議や、明らかにUFOやロケットを描いているインカやマヤの絵とか、ナスカの地上絵についての様々な解説などが書かれています。

その本が、太志命先生が晩年に読まれていたという5、6冊しかない中の1冊だったとわかって、もう嬉しくて……。

「これ、ちょっと拝見していいですか」とお声がけしてから開いてみたら、あの太志命先生が、赤鉛筆で線を描き入れていらっしゃったのです。「ここが大事」という記入があったり、さらに新聞記事の切り抜きなども挟んでありました。

やはり、そうした超常現象などにも興味を持たれていたから、B29を消滅させることもおできになったのだと思います。

山崎　保江先生もやはり、ＵＦＯや宇宙人好きなのですね？　あとでゆっくり、うかがわせてください（笑）。

保江　もちろんです（笑）。

さて、道場で太志命先生の奥様にお会いしたときに、どうしてもうかがいたいことがあったのです。

それは、先生が３万３千回振っていたという太刀の振り方。

僕も大学院の頃に、鹿島神流を学んだことがありました。ほんの初歩ですが。

鹿島神流は剣術の操法がちょっと特殊で、必ず袈裟に斬ります。袈裟斬りをされた相手は、どちらに逃げても斬られてしまうのです。

おそらくみんなは、その３万３千回を袈裟斬りでなさっていたと思っているでしょう。

でも、真剣ですから、力を込めて振るのは３００回が限度です。５時間もかけていたら手の皮がむけるでしょうし、いったいどうやるんだろうとずっと考えていました。

そして、僕なりに、「きっとこうだろう、これしかない」と結論づけた斬り方があるのです。力を入れずに手抜きをした方法です。僕の人生が手抜きだから（笑）。

力を入れて振ったら1回1回、時間がかかるでしょうが、このやり方なら力を抜いているので簡単だろうし、これなら僕でも3万3千回いけるなと思いました。

それで、応接室で奥様にたずねてみると、

「実は、3万3千回振っているのを誰も見たことがないのです」とおっしゃいました。

門弟も、近衛文麿閣下ですら見たことがなかったと。

深夜、「絶対に入ってはならぬ、見てはならぬ」と道場を締め切って、おひとりでやっていらしたそうなのです。

「奥様もご覧になったことがないのですか?」と聞いたら、ニコッとされて、

「実は、結婚の申し込みをされたときに、いろいろな話をしている中で、

『自分はこういうことをして陛下をお守りしている』といって、1回だけ目の前でやって見せてくれたことがあります」とおっしゃいました。

「じゃあ、奥様だけが実際に振られているところを見られたわけですね」と念押しすると、

「そうです」とお答えになったので、同席されていた2人のお弟子さんが驚かれていました。

そこで、

「お願いがあります。小泉先生の振り方はこうではなかったかと想像した振り方を今ここでお見せしますので、それが当たっているか外れているかだけでよいので教えていただけません

か？」と申し上げ、僕の斬り方を披露しました。

はたして奥様は、

「そのとおりです」と認めてくださったのです。

「ちなみに、振られている剣は何ですか？」と聞かれましたから、

「備前の菊一文字が手に入らなかったので、ご縁があって手に入れた備前の長船《おさふね》です」とお答えしました。

「長船ですね。ならば先ほどの振り方では、刀身を鞘《さや》からちょっと出しただけですね」

「はい、そのとおりです」


実は、真剣は抜いてしまうと敵を滅ぼすので、本当にここぞというときだけしか抜かないのです。魔を祓うときや、何かよろしくないものを断ち切るときは、ほんの10センチぐらい鞘から出すだけです。

「おみそれいたしました。やはり太志命先生も、鞘からわずかに出しただけでなさっていたのですね」と僕が聞くと、

「いえ、主人は菊一文字でしたから抜刀しておりました」とおっしゃいました。

真剣にもかかわらず備前の菊一文字は抜いてやり、長船は名前のとおりおさめておかなくて

はいけない。

それと、神社で神官が振る、幣《ぬさ》という白い紙が下がっている木の棒があるでしょう？　幣の振り方は、剣を振って祓うときの形からきています。

田舎のほうでは、神社によって、幣ではなくて本当に白鞘の真剣を抜いてやります。もちろん、簡単に切れないように刃は削ってありますが。

山崎　そうですか……。

僕の出身地に、そんなすごい人がいたんですね。

保江　志摩という土地は特別で、例えば真珠だって、奇跡のようなものでしょう。

伊勢神宮よりも、伊雑宮をもっときちんとするべきですね。

あのあたりは本当に、土がいいそうです。

伊雑宮の裏山でお茶がとれるのはあまり知られていません。お茶畑が、少しだけあるのです。

伊勢茶といって、日本のどの茶畑のお茶よりもすごいと僕は思っています。あの土地が、シリコン、ケイ素、マグネシウムなどをたくさん含んでいるせいです。

これらのミネラルは、人間の体に多くは必要ありません。鉄のような量はいらないけれど、少しは必要なのですね。それが、現代人には欠乏しています。

今の人たちは、あまり土を舐めるような機会がないでしょう？

僕らが子どもだった頃は、田んぼで遊んでいるときに転ぶと口の中に泥が入ってきたり、けっこう土を食べていました。

野菜だって泥が付いたままで、そこまで神経質には洗いませんでしたから、シリコンもマグネシウムも食事から自然に体に入ってきていました。

志摩という土地は、特にシリコン含有量が多いそうです。

だから、志摩でとれるお茶は日本一、体にいい。

山崎さんはそういうところで生まれ育ったからこそ、幼少期から何でも望みどおりにいっているわけですよ。

山崎　そうなのですね。

思いは必ず自分に返る

山崎　望みどおりというのはとても嬉しいことですが、実は怖いこともあるんです。僕に嫌がらせをしてくる人について、「いやだな、この人、嫌いだな」と思うと、その人に不幸が起こっていたんですね。
　高校時代に、初めて母親に恐る恐るその話をしました。

保江　実際、そういうことが何回もあったわけですね。

山崎　はい。そうなんです。すると母から、

「相手が交通事故に遭うんでしょう」と、さもよくあることのようにいわれました。

そうなのです。交通事故に遭うのです。

それから、

「あまり人のことを嫌うとその人が交通事故に遭うし、そのうち自分にも返ってくるから気をつけなさい」といわれて、それから人を嫌いにならないよう、努力するようになりました。

本当に、必ず自分にもしっぺ返しがあったからです。

保江　その人が交通事故に遭うと、山崎さんにも何かが起きるのですか？

山崎　僕も、交通事故に遭ったのです。

だから、自分に悪いことが起こることをよほど覚悟しないと、相手を悪く思えないのです。

保江　嫌う、恨む、呪うという感情ですね。

山崎　呪う、というのが強いでしょうね。

保江　「人を呪わば穴二つ」を体現していたと。

山崎　ですからもう、人を悪く思ったり嫌ったりしないようにしています。

保江　そこから、ポジティブシンキングの方向に向かったということですね。

山崎　やはり、願えばかなうと思っています。

保江　僕も、自分に返ってくるという話を思い出しました。

昭和の時代に、野口晴哉《はるちか》という整体指導者がいました。どんな病気でも気で治せるという、すごい方だったのです。

まさに、小泉太志命先生と同時代を生きられ、近衛文麿閣下の娘さんと結婚したために特別扱いを受けていました。

気での治療は、日本ではまだ公には認められていないでしょう。

でも、当時の総理大臣の娘婿という特別な立場だったので、日本整体協会という会を作らせてもらい、いまだにその協会の会員同士では、治療と称した施術を行うことができるのです。

山崎　気といいますと、手かざしで治すのですか？

保江　そうです。野口先生は、少年時代は普通の子どもでした。

関東大震災が起きて、震災直後は断水できれいな水がなかったので、汚い水を飲むしかなかった。

それで、みんなお腹を壊して具合が悪くなっていたのを、子どもながらにお腹に手を当てて治したのです。自分には、そういう能力があるとわかっていたようです。

彼は、毎晩丑三つ時に裏山に登って、山の上から谷を見下ろして、「えい」と気合いをかけていました。すると、気合いが谷底に落ちていきました。

それを1年近く続けていたある日、気合いがいつものように谷に落ちないで、天に昇っていったそうです。

これは、もう完成したということだと悟り、山から降りて具合の悪い人に手をかざすと、本当にどんどん治るようになっていました。

宗教的な祈りなどではなく、とにかく純粋な気によって人を治したのです。

野口先生は、どこの門戸を叩いても治せなかった赤ん坊の脊椎損傷を治すこともできました。

僕が知り合いになったお相撲さんの赤ちゃんのことなのですが、彼がその子を落としてしまい、医者にはもう1年もたないといわれていたのを、藁をもつかむ気持ちで、ダメ元でもいいからと野口先生を訪ねたのです。

すると野口先生は、

「俺にはその娘さんを助けてやる力はない」といいました。

彼は、「ほら見ろ、やっぱりインチキじゃないか」と思ったそうです。

ところが先生は続けて、

「けれども、もしお前が父親としてその子を本当に愛しているのなら、治す手助けはできる」

とおっしゃったのです。

そしてすっと立ち上がって、赤ちゃんを抱いた彼の後ろに30秒くらい立ち、また前に戻ってきて座ると、

「終わったから帰りなさい」といいました。

彼が見ても、赤ん坊は全然変わっていないので、また騙されたと思いながら家に着いたら、いつものように奥さんとお母さんが玄関からバッと飛び出してきました。

それまではいつも、「やっぱり治ってない」とがっかりしていたのに、なぜかそのときだけは、奥さんもお母さんも「治っている」というのだそうです。

それでもう一度、赤ん坊を見てみたら、生き生きとして、首も動かして笑っていたのだと。

本当に治っていたわけですね。

彼は相撲取りをやめて合気道家となり、僕がスイスのジュネーブで合気道をやっていたと

き、年に4回ぐらいスイス全域を廻って教える師範としてやってきました。

彼と一緒にワインを飲みながら話していたところ、そのエピソードを語ってくれて、僕は野口晴哉という人を初めて知ったわけです。

「すごい人なんですね。他には、どんなことができたのですか？」と聞くと、少し小声になって、

「あるとき、『先生は、技を使って人を助けることがおできになりますが、ひょっとして殺すこともできるんですか？』と聞いたんだよ」というのです。

すると、野口先生は、

「うん、できるよ。だが、それをやると必ず自分に返ってくる。だからどんな理由があれ、人をこの技で殺めたなら、自分の命に影響が及ぶ。長生きはできなくなるだろう」とおっしゃったそうです。

実際、野口先生は65歳で亡くなっています。

病気などで困っている人を助け、健康長寿の秘訣を熟知なさっていた方が65歳で亡くなられるなんて、みんなびっくりしました。60代はまだまだ若く、野口先生が亡くなる年齢としてはありえなかったのです。

でもそのとき、彼だけはピンときたといいます。

「あのときおっしゃっていたように、野口先生はあの技を使って、戦時中などに日本を食い物にしようとしていた悪者たちを、きっと何人か殺したに違いない。

それで命を削ってしまったのだろう」と。

山崎　やったらやられるということですね。……怖いですね。

保江　怖いですよね。

野口先生の協会は組織が大きくなっても、お弟子さんに裏切られたりして、後継者に恵まれませんでした。

晩年はその協会へのやる気をなくしてしまわれて、産院を開かれたのです。

「自分が最後に信じられるのは、母親から赤ん坊への愛情だけだ。それだけしかもう、信じることはできない」と。

そして、赤ん坊の取り上げ方がすごかったのです。

子どもができたのがわかった頃から、野口先生が少し離れたところでお腹に向かって手をかざすのです。

その施術法を愉気《ゆき》というのですが、週に1回くらい、ほんの1分か2分、愉気を施すだけで、どんどん子どもは元気に成長して、出産時には、驚くほど安産になります。

陣痛もないくらいで、出産は1、2分で終わります。

お母さんが横になっていると、割烹着を着た野口先生が、時々手を向ける。

すると、ポンと音がして、離れたところで手を広げて待っている野口先生のところに、へその緒がついたままの赤ん坊が飛んできて、先生がキャッチするというのです。

すごいでしょう？　合気道師範からその話を聞いて、最初はそんなバカなと思っていましたが、その後、「自分もそうして生まれたし、自分の娘もそうして取り上げてもらいました」という人にも出会いました。

だから、嘘のような本当の話なのですね。


その話を聞いてから、僕も、妊婦さんに手をかざすようになりました。

僕の歴代の秘書の中で、結婚して子どもができた女性が2人います。

ひとり目のときにやってみたところ、赤ん坊はやはり飛び出すように生まれてきて、すごく元気で、しかもお利口さん。

他の子どもたちと混じっていても、目立つくらい利発な感じに育っているようです。

それで、もう1人の秘書が子どもができましたと報告にきたときも、手をかざしてあげました。

出産のときはポンとは飛び出なかったけれど、ものすごく楽だったそうです。「子どもはどんな調子？」と聞くと、保育園では、いろいろな面で抜群に優秀だといいます。

ただ、弊害があるんですよ。

山崎　弊害ですか？　何が悪かったのでしょう？

保江　どちらも男の子ですが、2人とも、僕のような天然パーマの髪になってしまったのです（笑）。

2組のご夫婦とも直毛で、親戚にも天パの人はいないそうですから、最初は親族一同で驚いたようです。

あとは、行動パターンが僕にそっくりです。保育園、幼稚園で女の子としか遊ばない。

電車に乗っても、高校生のお姉さんのそばにすっと寄っていく（笑）。

霊的遺伝といいますか、気が転移するんですよ。

山崎　先生の霊的なものが、いろんなところで力を発揮するのですね。

保江　ひょっとすると山崎さんも、そうした能力があるのではないかな。

山崎　確かに気功師に、僕も気などを使って治療ができるといわれたことがあります。「あなたは向いているよ」と。どうしましょう？　ちょっと信じています。どこか痛い、気持ちがスッキリしないという人と会うと、自然とどうやってあげればその人が改善するかがわかるときがあります。

すでに自分の中で知っている部分が勝手に反応する感覚が、僕にはあります。

保江　やはり、ヒーラーですね。生まれ育ったのが志摩でしょう。

神がかった環境。不思議な場所もけっこうあるようだし、伊勢神宮ができる遥か前から、呪術のメッカだったと思います。

山崎　志摩を含め近畿には、北九州の糸島のほうと同じ地名がたくさんあります。

糸島の北部に怡土《いと》、志摩がありますが、近畿ではそれが、伊勢、志摩となり、南部には耳納《みのう》、日田《ひた》、とあるのが近畿では美濃《みの》、飛騨《ひだ》になっている。

つまり、そのままコピー&ペーストで名付けられたようで、オリジナルについては諸説あるようです。

他にも、同じ地名がけっこうあるのです。

保江　コピー&ペーストだったんですね。

山崎　オリジナルの地には、神の国を作ろうとしたのではないかといわれています。糸島の船越という町の、おいしい牡蠣《かき》小屋に連れていってもらいましたが、やはり、うちの地元にもある地名です。

保江　邪馬台国も、福岡の八女のあたりだったという九州説があるでしょう。そのへんも、近畿のほうからコピーされたのかもしれませんね。

山崎　そういういわれがあるみたいです。神様はコピー&ペーストができますから、いろんなところに分社がありますよね。

保江　徳島の剣山《つるぎさん》のあたりにもそんな話がありますね。

紀元前400年くらいに、失われた部族といわれるユダヤ人たちが、中国大陸経由で日本にやってきて、淡路島に上陸しました。

その後ユダヤ人は、行き着きにくい剣山のところに国を作ったといわれています。

中国大陸からユダヤの末裔を探しに調査隊がきたときに誤魔化すために、同じ地名と地形を紀伊半島の熊野にも作ったのです。

だから、徳島の祖谷《いや》に、木の蔓《つる》で作った吊り橋、「かずら橋」がありますが、あれは、熊野にもあります。熊野にも、「いや」という読み方があるのです。

中国からの調査隊が剣山に絶対に来ないように、わかりやすい熊野のあたりに同じものを作ったわけです。

それは、もともと弘法大師の知恵でした。

弘法大師は、時の天皇に頼まれて、四国に渡っても絶対に剣山を見つけられないようにするために、お遍路の路、四十八箇所を作ったのです。

四十八箇所のどこからも、剣山は見えません。お遍路の四十八箇所に行けば、四国は全部廻った、とみんな勘違いします。剣山の存在を知られずにすむわけですね。

淡路島の上陸地点には、記念碑的なものもあります。
そこは今、ホテルニューアワジの一角になっていて、ちゃんとモニュメントがありますが、実はそれはフェイクです。本当は、その横にあるさざれ石が目印です。
国歌の『君が代』で「さざれ石の巌《いわお》となりて」と歌われているような、さざれ石が岩のように大きくなっているところは、日本中でそこしかありません。だから、行けばすぐにわかります。

近くには小さな神社がひっそりとあり、実はそこの狛犬が、どう見ても宇宙人にしか見えないのです。見た人は誰もが宇宙人だ、エイリアンだといいます。

山崎　グレイですか？

保江　グレイなんてまだ可愛いですよ。
僕も全国のいろんな神社に行っていますが、なんでここまで宇宙人的にデフォルメするのかと不思議でした。

現代人だったら宇宙人の見た目をこんなふうに思っているけれども、古代の人が同じような想像をしていたものだろうか。

つまり、ユダヤの末裔はおそらく、宇宙人とコンタクトがあったのです。

ロシア政府とアメリカ政府は、宇宙人とコンタクトを取り始めている

山崎 宇宙人ですか？　先生は、最初にお会いしたときに、ロシア政府とアメリカ政府は、宇宙人とコンタクトを取り始めているとおっしゃいましたね。

保江 それぞれが1種類ずつとね。

山崎 アメリカのほうが、アーモンドアイの大きいやつですね。

保江 鱗《うろこ》があってしっぽがついてるレプティリアンです。爬虫類型ですね。

山崎 ロシアのほうが、ノルディックと呼ばれている北欧の白人みたいな姿の宇宙人で、人

間に近いのでしたね。

『スター・トレック』の、ミスタースポックみたいな感じ。

保江　そうです。スカンジナビア半島のあたりの人々を指すノルディックという名前で呼ばれています。

それ以外に６種類あって、地球近辺にやってきているのは全部で８種類です。

宇宙には規約があるのですが、６種類の宇宙人たちはそれを守って、地球人とは絶対に直接接触はしません。観察だけしているのですね。

山崎　彼らは、何をしたいのでしょうか？

保江　代理戦争です。レプティリアンとノルディックは、自分たちが直接に戦ったらかなりヤバいことになるから、アメリカとロシアを代わりにいがみ合わせていると聞いています。

そして、他の６種類の宇宙人たちは、それをやめさせようとしていると。

山崎　そういうことなのですね。

保江　ロシア政府の背後にノルディックという宇宙人がいるという情報をくれた女性が、殺されたという話をしましたよね。

山崎　ええ。やはりそちら系から消されたのでしょうか？

保江　そうだと思います。

山崎　最近、ＵＦＯの写真をNASAが公開していますね。

保江　あれはかなり古い写真ですが、戦闘機が追跡して撮影したものだから、信憑性は高いです。

でもそれより、少し前にすごい写真を見せてもらったのです。

東京に来た熊本の人が見せてくれたのですが、その写真は、たまたま景色がきれいだったから撮ったそうです。

最近のカメラは、ちょっと長押ししたら連写になりますが、意図せずに空が映ってしまった。

消そうと思って見たら、ＵＦＯが映っていたというのです。

肉眼ではＵＦＯは見えませんでした。なぜかというと、動きが速いからですね。その連写をつないでみたら、空の向こうからこっちのほうまで、一瞬でヒュンと飛んだのがわかったのです。拡大したら、はっきりＵＦＯだとわかりました。

最近のＵＦＯは、人間に見つからないようにものすごくスピードを上げているので、目視ではわかりません。僕らの認識を超える速さで飛んでいるのですね。

でも、風景などを撮ろうとするときに、偶然に写り込む。

たぶん、６種類の宇宙人が監視しているのでしょう。

普通は、音速の何十倍もの速さで飛んだら、痕跡が残るはずです。でもまったくそれが残っていない。つまり、飛行原理が違うわけです。

普通、飛行機などで空気を掻き分けて飛んだら必ず痕跡ができるのに、それがないということは瞬間移動に近いのでしょう。

山崎　最近、情報がディスクロージャーされてきているのは、地球人を徐々に慣れさせようとしているからともいわれています。

レプティリアンやノルディックが、表に出てくるための準備とか。

アメリカも以前は否定していたのに、急に変わりましたからね。

ヒバゴン（＊広島県の比婆山《ひばやま》に生息するといわれている、類人猿型の未確認動物の一つ）ぐらいだったら見間違いかもしれないけれど、未確認飛行物体がこんなに目撃されていたら、もうごまかしようがないですものね。

保江　情報も伝わってきているわけですよ。

今や、宇宙人は部品でＵＦＯを組み立てるなんてことはしていないそうです。

植物のように種をまくと、実がなるようにＵＦＯができる、それが最新技術です。

だから、シンデレラ物語はそれの比喩じゃないかともいわれています。

魔法使いがかぼちゃを馬車にしたでしょう。まさに、かぼちゃがＵＦＯになるような世界です。

１９４０年代から50年代に、ロズウェルにＵＦＯが墜落したときに目撃されたのは空飛ぶ円盤でしたが、宇宙人のテクノロジーだって当時からそうとう進化しているはずです。

種からＵＦＯができるなんて、バイオテクノロジーの極致ですよ。

山崎　それはすごいですね。

保江　それから、普通、ＵＦＯに乗った地球人がトイレはどうするのかといった情報は知りませんよね。

そんなことも含めて、ＵＦＯの内部が克明に書かれた本がありました。ＵＦＯにさらわれたアメリカ人が書いたものです。

トイレとしての個室はないが、トイレに行きたいと思っただけで壁から便器のようなものがヒューと出てくるそうです。

トイレットペーパーがないので躊躇《ちゅうちょ》しますが、我慢できないから排泄すると、突然、自分が座っている便座の下が明るくなって、あれっと思う間もなく排泄物がもう消えている。

お尻はと恐る恐る触ると、お尻もきれいになって乾燥している状態です。

つまり、水も空気も使わずに、排泄物もお尻も浄化されるシステムなのですね。

スペースシャトルや国際宇宙ステーションでは空気を使うシステムだそうですが、その人が乗ったＵＦＯでは、光っただけだったのです。

立ち上がると便器は自動的に壁に引っ込んだのですが、装置が出たり引っ込んだりという感じではなく、植物が突然生えてきて、逆再生のように消えたみたいに見えたというのです。

山崎　有機物なのですね。

保江　これが、彼らの最新テクノロジーです。
だからきっとグレイなども、種から作られた有機ロボットですよ。

山崎　彼らは、心を持っていないのでしょうか？

保江　グレイは心は持っていません。
おそらく、今や宇宙人が作るものには全部、種があります。
種をまいて、適宜栄養やエネルギーを与えれば、あらゆる乗り物、あらゆる装置、あらゆるロボット、必要なものは全部できてしまうのだと思います。

山崎　想像を超えるような世界ですね。

保江　本当ですね。

世界で最初に作られたのは日本人だった

保江　話を戻しますと、淡路島の神社にいた狛犬も、おそらく最初の頃はノルディックのようなきれいな顔だったと思います。それが、長い年月で風化したのでしょう。
美しい顔が削られて荒れていった狛犬は、怖いのです。すべてを見抜かれているような、そういう怖さです。

山崎　なぜユダヤ人は、6000年前に日本に来たのでしょう？

保江　失われた十支族というのは、ユダヤの歴史の中でははっきりしています。

ユダヤが今のイスラエルのあたりで一番頑張っていたのが、ダビデ王の頃です。

ダビデ王の時代が一番よかったのですが、その後、ソロモン王のときにオスマン帝国によって国が滅ぼされます。

オスマントルコはユダヤ人を根絶やしにしようと惨殺していたので、ユダヤ民族は国から逃げました。

最初は中近東から中国奥地、ロシア、トルクメニスタンやアフガニスタンのあたりに来て、その後、中国にしばらくいて子孫も残しました。

それからその中の一部が、香港の揚子江の河口から船でさらに東に向かいました。潮流で流されるとだいたい九州の佐賀か福岡、あるいは風向きなどによって瀬戸内海に入って淡路島に着きます。

ユダヤ人たちは、たまたま淡路島に漂着しました。

そして近辺を偵察したところ、徳島の剣山が自分たちの住んでいたところに似ていたし、簡単に行き着けないように思えたので、そこに居を構えることにしたのです。

元駐日イスラエル大使の、エリ・コーヘンさんという方がいらっしゃいます。

空手マニアで、自宅に空手道場まで作っている人です。

彼が大使だったときに聞いたのですが、日本の神主のお勤め作法と、ユダヤ教の神官の作法があまりに似ているというのです。

また、神輿《みこし》を担ぐところとか、虎の巻という言葉は概念も同じです。

虎の巻の由来をたいがいの日本人は知りませんが、コーヘンさん曰く、ユダヤ教の教典をトーラーといい、巻物の名前なのだそうです。

それに、山岳修行する人がかぶる六角形の烏帽子《えぼし》がありますが、それもユダヤ教の神官がかぶるものと一緒です。布で結界を張るのも、同じです。

他にも、相撲の立会いのときに、行司が「はっけよい、のこった」といいますが、何のことかわからないでしょう。

土俵際でギリギリ足が残っている状態のときにいうのではなく、真ん中で、組みが始まるあたりに「はっけよい、のこった」といいますが、あれは古代イスラエルの言葉で、「どちらも頑張れ、負けるな」という意味なのだそうです。

コーヘンさんや他のイスラエルの人が、日本人とユダヤ人は同じ祖先を持つとする日ユ同祖論についての本を出していますし、両民族のDNAまで調べています。

確かに、かなりの確率で日本人とユダヤ人は同祖のようです。

山崎　全日本人の血に、同じものが混ざっているのですか？

保江　そうです。ヒトゲノム解読の第一人者とされる清水信義先生がおっしゃっていて、確か、論文にもなったと思います。

清水先生は、22番染色体のゲノムを世界で初めて解読し、２０７個の遺伝子を発見した方なのです。

研究では、世界中から任意で1人を選び、そのＤＮＡを調べます。

すると、ＤＮＡの並びが同じ人が、日本人の中に必ずいるというのです。

アメリカ人やドイツ人、中国人の中には、同じ並びの人がいるとは限りません。

でも、日本人の中には必ずいます。世界中から、誰を選んでも結果は同じ。


この事実が意味するのは、日本人が、人類の大元だということです。

一番原点に近いＤＮＡを持っている人種だから、その後、世界中に散らばっていったどの人間を選んでも、原点のＤＮＡが日本人の誰かの中にあるわけです。

もしアメリカが原点だったら、世界中に散らばったどこの人を選んでも、同じＤＮＡを持つ人が必ずアメリカ人の中にいるはずです。けれども、そうはならない。


福岡県八女市のあたりには、八女津媛伝説という伝承があります。

清水先生がおっしゃるには、ＤＮＡはもともと、８種類あったとのことです。

アダムとイブのイブは本当は8人の女性で、人類のすべてのＤＮＡは、その8人の女性から派生しているそうです。

つまり、その8人が日本にいたということ。それで、日本には八女津媛伝説があるわけですね。八女のあたりというのは、邪馬台国があったともされる場所です。

つまり、宇宙人が地球にコンタクトしてきて人類を作ったのであれば、最初に作られたのが日本人だった……。

ですから、日本というのは、世界の中でも本当にすごいところなのです。

山崎　ありがたいですね。これで日本人も自信を復活させることができます。

保江　それからもう一つ、日本ですごいと思うのが、花崗岩です。

先ほどお話ししたおうむ岩について、そのときは気にもとめなかったのですが、今考えると、あれはどう見ても花崗岩だったような気がするのです。

志摩のあたりには、花崗岩がたくさんありますか？

山崎　どうでしょうか。岩をそういう目で見たことはないです。

保江　でも、岩は多いですよね。

山崎　はい、かなり多いです。

保江　それらの岩はたぶん、花崗岩だと思うのです。
というのは、花崗岩が地表に出ているところが、神様とコンタクトできる場所なのですね。

天孫降臨の地、蒜山《ひるぜん》——神様のお告げで成った石の鳥居

保江　これは、最近教えてもらった新情報です。

僕の公式ホームページに、ある女性からメールがきました。

岡山県の北部に、蒜山《ひるぜん》という避暑地があります。

女性は、その蒜山高原に住んでいる方だったのですが、地元の歴史の研究家である男性が、ぜひ僕に聞いてもらいたいことがあると。

だから、一度蒜山に来てもらえませんかというのですが、行きたいという気持ちもなく、最

初は断ろうと思っていました。

けれども、メールの最後に、見過ごせないあることが書いてあったのです。

蒜山にはしょっちゅうUFOが出ます。

以前、懇意にしている矢作直樹先生が、一度もUFOを見たことがないとおっしゃっていたので、必ず見られるから蒜山に行きましょうとお誘いしたことがあります。

僕がその頃勤めていた、ノートルダム清心女子大学のセミナーハウスがちょうど蒜山にあったので、数人を同伴してそこに泊まりました。

晩ご飯が終わってそろそろ見ようかと、雪が積もっている外に出て、駐車場で空を見上げていたら、案の定UFOが飛んできました。

「ほら出た！　声をかけたら反応しますから。おーい」というと、UFOがクルクルと回り始めて、矢作先生も、

「初めて見ます」と興奮して、数人でワーッと騒いでいたのです。

そのとき、僕らの晩ご飯を作ってくださったセミナーハウスの女性が、仕事が終わってこちらのほうに歩いてきました。

ワーワー騒いでいるのに全然見向きもしないで、スーッと自分の車に向かっていくので、僕はわざわざ、

「すいませーん。今、あそこにＵＦＯが出ています。ほら、あそこに。ご覧になってください」

と声をかけました。

すると彼女は、真顔で僕をまじまじと見て、

「はい、このあたりはＵＦＯがよく出るんですよ」と、何事もなかったかのように車に乗っていかれました。

そして、「実は、その女性は私の親友です」と書かれていたのでした。

メールの差出人が、あのときお世話になった女性の友達だとわかって、断れなくなってしまったというわけです。

行ってみると、80過ぎのご高齢の男性が、正装して待っていてくださいました。

そして、

「あなたの『語ることが許されない封じられた日本史』（ビオ・マガジン）という本を読んだが、あなたが知らない話があるので教えたい」とおっしゃるのです。続けて、

「まずね、高天原はここなのだ」と。

「ここってどこですか？　蒜山ですか？」

「そうだ」

　僕は、「そんなバカな。高天原は宮崎県にいくつか候補があってそれが定説になっている。岡山県の蒜山が天孫降臨の地、高天原だなんて、そんなわけはない」と思い、

「ああ、そうなんですか」と、軽く受け流すような返事をしました。

　すると、男性は地図などの裏付けになるような資料を出してきて、いろいろと教えてくれたのです。

　僕はまったく知らなかったのですが、古事記に出てくる土地や川の名前は、蒜山地区にすべてある名前だといいます。

「でも、そんなものは古事記の名前から、あとで土地の人がつけたんでしょう」といったのですが、

「そうではない。ここが古事記に描かれている高天原なんだ」とおっしゃる。

　そして話は、幕末の明治維新の時代に転じました。

男性が読んでくださった僕の本には、明治維新のときに、本当なら外国に占領されて日本が植民地になっていたような危機を、佐賀の鍋島藩の采配で免れたという話が出てきます。僕が鍋島まで実際に調査にいって、書いたものです。

実際、明治維新では、薩摩と長州が勝ったら、日本はイギリスの植民地に、徳川幕府が勝ったら、オランダとアメリカの植民地にされているところでした。

いずれが勝っても日本は植民地にされ、日本も世界もダメになるということが、神々にはわかっていたのです。

神々は、日本を守るために、日本の地下にいらっしゃるのだそうです。イメージでは、神様は上におられる気がしますが、実は地下なのだと。

「君は、神道もやっているから知っているだろう。大祓《おおはらい》の祝詞に、『根の国の底の国に鎮まります神』という表現がある。そのとおり、神は、根の国の底の国に鎮まっているのだよ。決して上にいるのではない」

日本がどこかの国の植民地になると、日本は日本ではなくなります。

それは、根の国の底の国にいらっしゃる神々にとって許されないことなので、絶対に日本を独立したままにしておかなくてはいけません。

そこで、明治維新真っ只中のあるとき、神様が蒜山の村長の前に現れて、ご宣託を下ろされました。

「ここは高天原であり、唯一、根の国の底の国の神々とつながれる場所である。

だから神に祈るのは、この地である必要があるのだが、そのための場所が今はない。

よって、ここに日本一背の高い石造りの鳥居を構え、神社を建立せよ」と。

村長はさっそく村人たちを集めてお告げを伝え、鳥居造りに着手します。

蒜山は、ちょうど柔らかく細工もしやすい花崗岩がとれるところでしたから、村人たちはまず、巨大な石柱を2本立てました。

でも、クレーンのない当時のこと、横棒を渡すのは簡単ではありませんでした。

村人たちは知恵をしぼって、山を一つ削り、その土で石柱にかかるスロープを作りました。

そして、そのスロープの上に横棒を転がしていき、石柱につなげることができたのです。

スロープとして使った土は撤去して、そのあたりの荒れ地にまいたのですが、山の養分を含んだたくさんの土のおかげで、それまではあわやひえ、蕎麦くらいしかとれなかったのに、初めて稲作ができるようになりました。

村人たちは、「これは神様のご褒美だ」と大喜びだったわけです。

その鳥居は、自然石造りのものでは今でも日本一の大きさだそうです。


鳥居が完成して、今度は神社のお社《やしろ》を建立しました。

すると神様が、

「このお社は、地下にいらっしゃる神々とつながれる唯一の場所だ。伊勢神宮よりも格上である。

だから、名称には必ず、大神宮とつけるように」とおっしゃいました。


当時、皇室関係のご神事は伯家神道（花山天皇の子孫の白川家によって受け継がれた神道の一流派）にのっとって行われており、白川家が取り仕切っていました。

一般の神道は、京都大学の裏の吉田山にある吉田神社が仕切る、吉田神道（吉田神社の神職吉田兼倶によって大成された神道の一流派）でした。

それで、蒜山の村長は、大神宮に飾る御神額をいただくために、村の代表者2名を吉田神社に遣《つか》わしました。

しかし、当然ながら、岡山の聞いたこともないような村から訪ねてきて、大神宮のおしるしを求めるなんて、とんでもない奴らだと門前払いされたのです。

伊勢神宮でさえ大神宮ではないわけですから、なんてずうずうしい要求か……、ということですね。

合計、5回の門前払いを食らって、2人はもう帰ろうかとも思ったそうですが、このまま手ぶらで帰ったら村長になんていわれるかわからない、「子どもの使いか」と叱られるだろう。勇気を出して、もう1回だけ、頼みに行こうということになりました。

吉田神社に着くと、それまでの応対は普通の神官だったのに、たまたま、というかやはり神様の思し召しか、宮司様が社務所に出てこられたのです。

そして2人の話を聞いて、

「そんな田舎で大神宮ですか」と少し驚かれつつも、

「でも、神様がそうおっしゃったということでしたら、我々には判断ができないからちょっと待ってください。ご神事をしておうかがいをたてます」とおっしゃいました。

そして、奥から巫女を呼びご神事をすると、確かに神様が、すぐに大神宮の神額を用意するようにと巫女の口寄せでご指

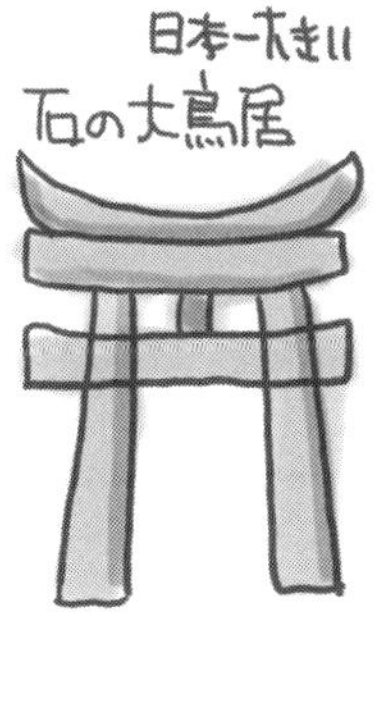

示なさったのです。

宮司様は、すぐに大神宮の額を用意して村人たちに持たせました。

2人はそれを持ち帰り、蒜山の田舎村の新しいお社にかけたのです。

そこで村人がお祭りをしたおかげで、神々が日本のあらゆる土地に出ていくことができるようになったというわけです。

おかげさまで、鍋島藩がうまい具合に立ち回って、日本が植民地にならないようにしていただけました。

僕が、

「岡山市内で生まれて岡山で育ちましたが、今までそんな話は聞いたこともなかったし、蒜山がそんなにすごいところだとは思いもよりませんでした」というと、

「そもそも君は、岡山の意味を知っているのかね?」と聞かれました。

「岡みたいな山がたくさんあるから岡山なのでしょう」と答えると、

「馬鹿者。岡山の本当の意味を知らなくてはダメだ。

昔、素朴な神道が生まれる前の土着の信仰の頃から、神様は山にいらっしゃった。

だから、山は神様と同一なのだ」と。

つまり、岡山の山は神という意味。

「岡は何ですか」とたずねたら、今は岡という漢字が当てられているけれど、それは関係ないそうです。

「おか」というのは「おおきか」で、大いなる、一番のという意味。

つまり、岡山というのは、一番すごい神様という意味だといいます。

神の中の神がいらっしゃる場所、それが岡山なのです。


その話を聞く1週間ほど前に、先ほども話題に上ったはせくらみゆきさんと一緒に、対談形式のセミナーを行っていました。

セミナー後、はせくらさんが僕に、

「ある方から、保江先生に手紙を預かっています」といって、それを渡してくれたのです。

封を開けてみたら、佐賀の旅館の女将《おかみ》さんからでした。

僕のファンで、「一度旅館に来て講演をしてください」と書いてあります。

旅館のパンフレットが同封されていました、

「ずいぶんと立派できれいな旅館だけれど、ちょっと面倒だな」と思って裏を見たら、佐賀の観光地図が載っていました。

地図には、その旅館やお城が描かれており、お城の真北の山に岡山神社という神社がありました。

そんなところに岡山という名前がついた神社があるなんて、それまで知りませんでした。

日本全国、かなり多くの神社を訪れているのですが、岡山神社というのはそれまで見たことがなかったのです。

あとで調べたら、岡山にも岡山神社はあるようですが、地元の僕すら知らないような、あまり目立たない神社です。

なぜ他の県に、しかもまったくご縁がなさそうな佐賀にあるのかが不思議でした。

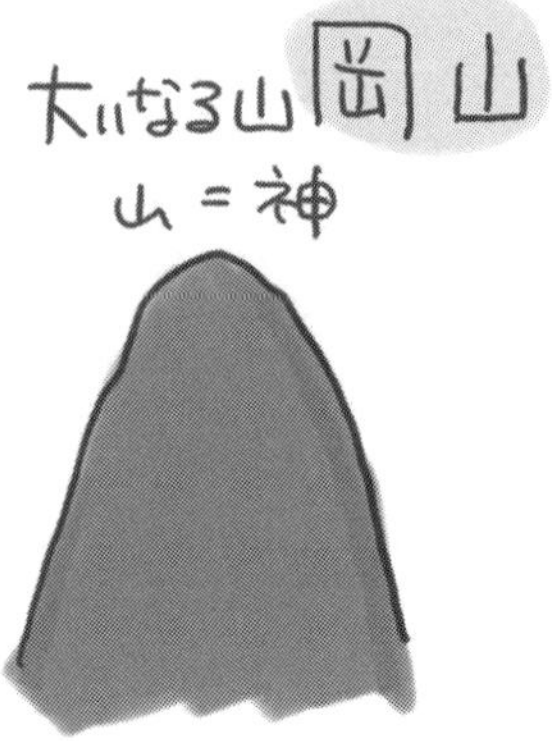

でも、その1週間後に蒜山に行って、岡山というのは大いなる山、つまり一番偉大な神のことだとわかったので、だったら神社の名前としては他県にあっても当たり前だと思えました。
神様がいわれたとおり、蒜山に日本一の自然石の鳥居がある大神宮を建立して、村人がお祭りしたから、日本は明治維新のときに植民地にならずにすみました。

それを具体的に実行したのは佐賀の鍋島藩で、そこには岡山神社というのがあるわけですから、やはりご縁を感じますよね。

山崎　本当ですね。

保江　それで花崗岩の話に戻るのですが、僕が蒜山の男性に、「なぜ日本一の石造りの鳥居が必要だったのですか？」と聞くと、「このあたりは、花崗岩で地表を固められているからだ」というのです。

神々は花崗岩の下にいらっしゃったのですが、その花崗岩のせいで、地上に出てこられませんでした。

だから、そこの花崗岩を崩して鳥居を造れとおっしゃったのだそうです。

「なぜ花崗岩なんですか？」とたずねると、大祓の祝詞《のりと》にあるだろうといわれました。

「天御蔭《あめのみかげ》、日御蔭《ひのみかげ》」という言葉があるのですが、御蔭というのは御影で、神様の影と理解されます。

そして、花崗岩のことを、日本では御影石とも呼ぶのです。

つまり、石が神様に影を作っており、その下に神様がおわすということになります。

ちなみに、ピラミッドも花崗岩でできています。

山崎 へえー。霊験あらたかな感じがしますね。

保江 だから、志摩に多い岩も、絶対に御影石だと思うのです。

蒜山には、今も御影石がたくさんあります。

最近、花崗岩や火山岩などを大量に粉にして作った、バクチャーという新しい製品ができています。メーカーは、岡山県津山市の会社です。

そこにいる微生物を活性化し、汚れを分解するという新しい技術が用いられているのですが、まさに、蒜山の花崗岩からできているのです。

その会社の社長が購入した、蒜山の花崗岩からできた砂が、たまたま倉庫のあたりの溝《どぶ》に流れ出したそうなのですが、以前は汚く濁っていた溝の水が、とてもきれいになったそうです。

不思議に思って調べたら、その砂の働きとして、ほんの少量であっても環境をものすごく改善してくれるということがわかりました。

その会社の三代目が、僕にも実験して見せてくれたのですが、生の死んだ小魚が入っているガラスの容器にバクチャーを一滴たらして混ぜると、魚が分解して見えなくなるのです。骨までなくなって、味の素をお湯に溶いたときみたいに、水がキラキラ光っていました。なぜなら、アミノ酸の水溶液になっているからですね。

容器の蓋《ふた》を開けてみると、まず、匂いがありません。三代目に、「飲んでも大丈夫ですよ。アミノ酸だけだから」といわれたのですが、ちょっと遠慮させてもらいました。彼は、「じゃあ、僕が飲んでみますね」といって、まるでおいしいミネラルウオーターであるかのように飲んでしまったのです。

さらに、彼の家ではこのバクチャーを使用することで、お風呂のお湯を換えたことがないそうです。家族10人くらいで使っているのにですよ。

毎日、バクチャーを1滴入れると、いつもサラサラのきれいなお湯になるのだそうです。しかも、そのお風呂に入っている家族全員、とても健康だといいます。

山崎　花崗岩は、ご神事に使われるだけのことはあるのですね。

保江　最近、山小屋などのトイレでは、おがくずに細菌とか、酵母、麹を入れて排泄物を分解する技術を使っていますが、消臭の面などでまだ完全ではありません。

でも、バクチャーを使うと本当に臭くなくなるのです。

山崎　ペットのトイレにもいいですね。

保江　蒜山の花崗岩だから、特別なのですね。
なにせ、高天原なんだから。

山崎　神様パワーが入っているんですね。

保江　高千穂にも天孫降臨の伝説があって、高天原といわれているでしょう。

あのあたりも、花崗岩がむき出しになったような山だったりで、そういうところでは神様とつながれるわけです。

志摩も、絶対にその一つです。

志摩の島々を見ていると、完全に神がかっています。光がちょっと違う。

以前、安倍元首相がわざわざあの地を選んで、G7をやりましたよね。

山崎　はい。皇室の方々もよくお泊まりになるホテルがあります。

保江　山崎さんが志摩で出会った中国人の修行者は、いわゆる道教の導師みたいな人でしょう。
そういう人が教えてくれる印の結びとか呪文は、やはり本物ですよね。

道教、陰陽道でのつながり

山崎　以前、社員旅行で台湾に行ったのですね。

地下街に占いをする人がたくさんいたので、みんなで見てもらいました。

うちのスタッフが見てもらっている間、暇なので、ちょっとぶらぶらしようと地上に出たら、目の前にお寺があったのです。

それを見た瞬間、「これだ」とわかりました。

幼稚園のときに行った、あの場所はこれだと。なぜかはわからないけれど、確信できたのです。

そのお寺は、やっぱり道教でした。

保江　やっぱりね。

山崎　びっくりしました。

保江　陰陽師《おんみょうじ》ですね。陰陽道は、道教の流れです。

山崎　不思議なんですが、お寺を見た瞬間に、これ以外にないと思ったのです。道教の有名なお寺でした。

保江　中国から道教が渡ってきて、それに古くからの日本神道と山岳信仰が融合したのが陰陽道です。

だから、その中国人たちは、日本でいえば陰陽師ですよ。

山崎　そういうことですか。

保江　それで、今の山崎さんがあるわけですよ。とても恵まれていますね。

山崎　ネットで調べると、ちょうど今から50年ぐらい前に台湾を中心に道教が勢力を増して、日本で布教活動をしたという痕跡があるそうです。
その流れで、たまたま志摩に来たのでしょう。

保江　たまたまじゃないですよ。陰陽師だから、わかるんですよ、どこに行くべきか。

明白な意図を持って志摩に来たのです。

実は岡山にも、そうした古い呪術系のものが残っています。

山崎　児島とかのあたりですか。

保江　児島にも残っています。

児島には、「日本第一熊野神社」なんていうすごい名前の神社があります。

そこの紋章である、十六菊家紋の真ん中には、「一」と書いてあります。一番だからですね。

しかも、最も古い神社の一つで、重要文化財です。建立されてから、一度も燃えていないのです。

それだけでなく、備前市には古くは霊峰として栄えていた熊山という山があります。

熊山の上には石のピラミッドがあって、松本清張が小説の題材にしたぐらいの名所です。

その小説の中では、その建造物はペルシャの拝火教の神殿だという結論にしていますが、岡山県の教育委員会が調べてもはっきりしたことはわからなかったようです。

その熊山と蒜山とを結ぶと、その延長線上に出雲があります。

そして、反対側の延長線上には、伊勢があるのです。

岡山にも、道教や外国からの呪術者がたくさんやってきていて、その名残で、古い宗教などもけっこうあります。

道教の人たちは、神様がいる場所を見つける術に長けていますから、岡山にも来たでしょうし、もちろん志摩や高千穂にも行ったことでしょう。

山崎さんはそんな志摩で生まれて、道教の導師たちに幼稚園の頃に出会った。

僕は岡山、大いなる神様の土地に生まれて、たまたま家が陰陽師の家系だったから、幼少の頃から祖母に奇妙な絵本などを見せられてきました。

陰陽道的な教えなどを叩き込まれて、なぜか河童大明神様と唱えながら、けっこう楽しい人生を送ってきました。

僕たちは、育った境遇が似ている……、だから、お会いして間がないのに壁がないわけです。

山崎　不思議ですね。

保江　中国の人がいたというその別荘は、今もあるのですか？

山崎　どうでしょうか。あったら、築50年以上ですね。

その場所は覚えています。

保江　今度行きましょう。小泉太志命先生の奥様にお会いするついでに。

きっとその近くに、彼らが呪術のために使っていた場所があるはずです。

蒜山の男性のおかげで、蒜山に限らず、日本列島というのは、本当にすごい場所なんだとあらためてわかりました。

もともと聖地と呼ばれるところは、エジプトのピラミッドのあたりとか、南米のマチュピチュとか、北米のセドナとか、ハワイにもあるでしょう。

ああいう場所はみんな、「根の国の底の国」にいらっしゃる神々がお出ましになって僕たちがつながれるところなんじゃないでしょうか。

特に、2020年の冬至、12月21日から鳳凰の時代になりましたからね。

神道でいうと、鳳凰は国津神《くにつかみ》で、龍神が天津神《あまつかみ》です。

国津神というのは地、つまり地球の神様。だから、根の国の底の国にいらっしゃるわけです。

つまり、鳳凰の時代の今こそ、根の国の底の国にいらっしゃる神々の助けを借りなくてはいけないということです。

だからこそ今回、蒜山の男性がそうした話を教えてくれたのだと思います。

山崎　蒜山は真庭のあたりですか？

保江　真庭市蒜山ですね。もう少し北が鳥取県の大山《だいせん》ですから、まさに鳥取との県境です。

地球の心臓と血液とは？

それと、その男性がいっていたのは、国津神が統治しているこの地球も生きているんだということです。よくいわれますよね、ガイア理論とか。

その地球の心臓は、人間と違って一つだけではないそうです。地球の各地に、心臓があるらしいです。

「どこが心臓かわかるか」と聞かれて、「わからない」と答えました。すると、「ウラン鉱脈が心臓なんだ」と。

つまり、地球の心臓には、ウラン鉱脈ができているのです。

日本で唯一、ウラン鉱脈があるのが岡山県北部の人形峠で、昔は本当にウランをとっていました。

その人形峠からほど近い蒜山は、日本の心臓でもあるわけです。

アメリカのセドナは、もともとインディアンの聖地だったのですが、インディアンたちは追い払われてしまいました。

なぜかというと、あそこもウラン鉱脈だからですね。

アメリカが原爆を開発するときに全土でウラン鉱脈を探したところ、ほとんどがインディアンの聖地でした。それで居留地をこしらえてインディアンを移動させて、ウラン鉱脈を掘って原爆を作りました。

さらに、神様がその男性経由でいうのです。

人間が原爆のためにウラン鉱石を取り出すのは、地球の心臓をえぐり取っていることになるんだそうです。

では地球の血液はというと、石油がそれにあたるのだと。

これまた人間は、地球の大事な血液である石油を勝手に抜いて、どんどん自分たちのために使っています。

我々がヒルに血を吸われていったとしたら、体が弱るでしょう。それと同じで地球は心臓もえぐられ、血も吸い取られているんだよと。

だからまず、それをやめなくてはいけないのです。石油は徐々にとらなくなってきているし、戦争さえなければ、ウランだっていらないはずです。

だから、その男性のいうことがものすごく腑に落ちたのです。

山崎　その男性は、なぜ蒜山の神様のことがわかったのでしょうね？

保江　話の最後のほうで、ご自身の生い立ちをちらっと語ったのですが、中学校卒業までは、知的障害で読み書きそろばんなど、何もできなかったそうです。

ただ、その村の地主の息子だったからなんとかなっていた。

とにかく何もわからないから、お腹が空いたらそのあたりの店にあるものを何でも取って食べていたんですって。

良し悪しもわからないし、お金を払うという概念もない、数もわからない。

中学まではそんな感じでしたが、ある先輩が、それじゃ困るだろうと少しずつ教えてくれて、なんとか読み書きそろばんくらいはできるようになったそうです。

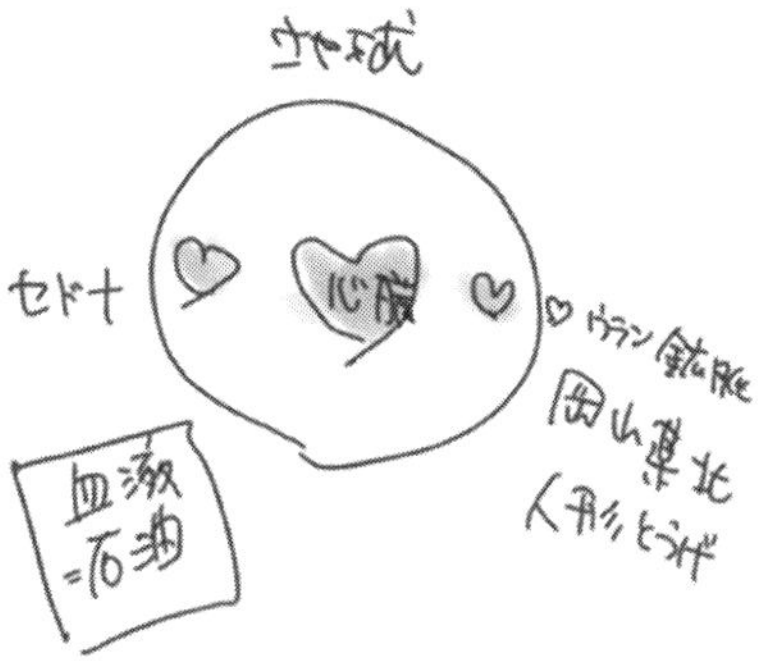

そんなわけで自分は学がないとおっしゃるのだけれど、ものすごくご存知なんですよ。古事記のことも、神道のことも。

そもそも、なぜ彼がそんなことに興味を持って調べ始めたかというと、もともと、郷土の歴史に興味があったそうです。

神様の声が聞こえる、はせくらみゆきさんと同じようなタイプの女性が関東にいるそうです。

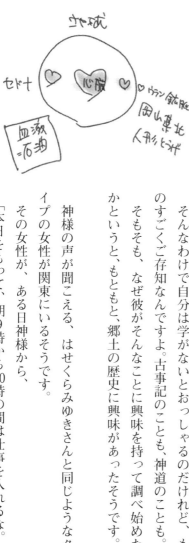

その女性が、ある日神様から、

「本日をもって、朝9時から10時の間は仕事を入れるな。これから毎日、自分が伝えることを書き留めよ」といわれ、その日から、朝9時から10時の間はきちんと自分の部屋で待機し、神様が教えてくれることを書き留めたのです。

それが、彼女の本や研究になったりして、有名になっています。

その中で、

「今日からいうことは、岡山県の蒜山高原の、ある者に伝えよ」といわれたそうです。

その、ある者こそが、僕がお会いした古老の男性だったのです。


その女性は、いわれるまま、それを何日か書き続けました。

ただ、「伝えよ」といわれても、関東から岡山まで行くのも大変なので、知り合いに託して、その人がわざわざ蒜山の男性に届けたわけです。

疑いながらも読み始めたところ、

「明治維新のときに日本が植民地にならずにすんだのは、蒜山地区に花崗岩の鳥居が造られたおかげだ」と書いてあったので、蒜山は本当に神がかった場所だと確信し、余計に興味を持って調べ始めていったのだそうです。

山崎　そういう神がかって降ろす人というのは、本当にいるのですね。

保江　そうです。その女性の話は、ある出版社の社長さんから聞いていて、今度、紹介するといわれていたんです。

その人の名前がそんなところで出てきて、驚きました。

山崎　不思議なことってありますよね。

保江　そんなことが起きる頻度が、だんだんと加速してきています。

２０１９年夏には、また別の女性に神様が降りたと連絡がきました。

今度は、石川県の白山神社、京都府の天橋立神社、岡山県のサムハラ神社、福岡の志賀海《しかうみ》神社、これらを一直線でつなぐレイラインを復活させろというのです。

日本列島は龍の形をしていますが、そのレイラインはちょうど背骨にあたります。

一番東の先が、３．11で事故があった福島第一原発です。

福島の原発はアメリカに作らされたものですが、なぜその場所だったのかといえば、日本列島の龍体の背骨を破壊するためだったのです。

それを、３．11の地震が、結果的に撤去してくれたのですね。

この事故で被害に遭われた方々は心からお気の毒だと思いますし、もちろん僕もとんでもないことになったと思いましたが、日本を救ったという側面もあったのです。

そして、あらためてレイラインを整えよといわれて、ご神事など、仰せのとおりにしました。

そして２０２０年、神様がまた何かいってくるかなと思ったのですが、全然こなかったのですよ。

コロナの騒動もありましたし、２０１８年、２０１９年と神様のご託宣で動いたことで完了して、もう終わったのだろうと思っていました。

おまけに、世の霊能力者は、２０２０年12月21日の冬至から、鳳凰の時代になったとか、風の時代になったといっています。

それまでの龍の時代では男性性が優位だったのが、女性性優位となる、つまり、女神の時代でもあると。

山崎　龍の時代は終わったのですね。僕にも以前、龍からのコンタクトがありました。

保江　どんなものですか？

山崎　僕の知り合いに、龍使いがいるのです。1年くらい前にその人から、「『拓巳さんに龍をつけなさい』と龍からいわれていますが、必要ですか？」と聞かれました。

それは、以前こんまり（近藤麻理恵）さんについたのと同じタイプの龍だそうです。赤坂の日枝《ひえ》神社で、

「昨日、龍が降りてきて、『拓巳さんが信じられないようでしたら、「真珠と88」というとわかります』といっていました。ちょうどここに龍が来ているからおつけできますが、どうしますか」といわれたのです。

実は、亡くなった僕の親父が真珠屋で、親父の名前が八十八《やそはち》。

「それ、うちの親父のことです」といって、龍をつけていただきました。

保江　お父様が龍をつける手配をしてくださったのですね。

山崎　そうなのでしょうね。
そして、風の時代に変わったときに、その龍が麒麟《きりん》に変わったらしいのです。

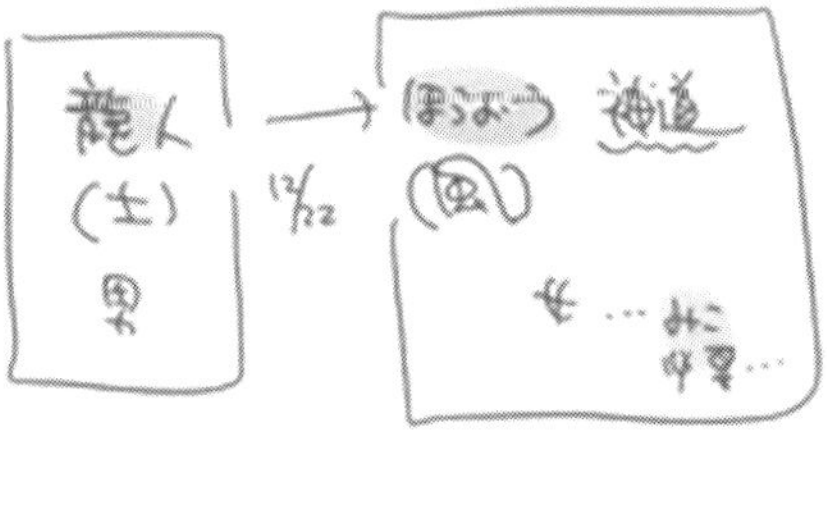

「拓巳さん、龍が麒麟に変わりましたね」といわれるのですが、僕はよくわかっていません。

保江　そう、鳳凰の時代になったので、もう龍は消えなくてはいけない。変化《へんげ》して麒麟になったわけです。

山崎　麒麟と龍は形は似ているように思えますが、何が違うのでしょうか？

保江　麒麟は神様のお使いです。山崎さんも、神様のお使いになったのです。

山崎　それは嬉しいですね。

ミッション「北斗七星の結界を破れ」

保江　こんなに大きな時代の変化があるのに、神様から何もないのはちょっと解せないと思っていたところ、やはりきました。

この話は、僕の最近の著書である『東京に北斗七星の結界を張らせていただきました』（青林堂）でも書きましたが、もう少し詳しくお話ししたいと思います。

２０２０年11月7日のことです。

横浜の講演会に初めて来てくれた20代の女性が、講演会が終わったときに僕のところにやってきて、質問があるというのです。

その日は時間がとれなかったので、メールを送信してもらうことにしました。

届いたその内容は、

「神様に、私ではよく意味がわからないことを指示されました。それで、友達の男性に相談したら、保江邦夫という人ならわかるんじゃないかといわれ、とりあえず講演会に参加しました」というものでした。

そして、神様からの指示とは、「皇居の周りの北斗七星の結界を破れ」ということだったと。

でも、彼女は北斗七星の結界について何の知識もありませんでしたし、どこに張られているかもわからなかった。そこで、

「私にはわかりません」

といったら、神様は、

「お前はすでに、知っている」とおっしゃったそうです。

山崎　「死んでいる」じゃなくて「知っている」だったんですね（笑）。

保江　はい（笑）。

僕は、それを読んだときに、「なるほど、要するにこの女性は結界について何も知らない、もちろん破る方法もわからない。その人が僕に聞いてきたということは、神様は今回こういう形で、僕にミッションを伝えてきたんだな」と思ったわけです。

その後のある朝、「つまり、これまでは龍神の結界になっていた柄杓《ひしゃく》（北斗七星）を、時代が代わったから鳳凰の結界の柄杓に変えろということだな」と、目が覚めた瞬間に理解できました。

でも、「お前はすでに、知っている」といわれても、皇居の周りに張られた北斗七星の結界なんてわかりません。

ただし、神様からのヒントがあって、平将門の将門塚が中心だというのです。それは、皇居の大手門の前にあります。

本当に僕がすでに知っているというのなら、大手門がある、大手町駅あたりで覚えがあるところはどこかなと考えました。

実は、僕はワインを飲む量が多いため、肝臓の数値がひどいものでした。それで、著書でも紹介している業捨《ごうしゃ》などで数値をよくしてもらっていました（詳しくは『人生がまるっと上手くいく英雄の法則』〈明窓出版〉をご参照ください）。

僕が行く病院は東京駅の近くにあり、定期的に肝臓を中心とした検診を受けているのですね。数値が悪いと断酒を余儀なくされるので、少しでもよくしようと思って、毎回、白金の部屋から東京駅まで2時間かけて歩いていくのです。

そうすると、前の晩のアルコールも抜けるし、エネルギーも使って健康になるという按配です。

僕の部屋は海抜の低い場所にあり、どの方向に行くにも坂を登らなくてはいけません。坂を登るのはやはりしんどいので、できるだけ登らなくてすむような道のりを、ずっと模索していました。

いろんな道を歩いているうちに、「こんな神社がこんなところにあるのか」と思うような、古くて雰囲気のいい神社がいくつかあったのです。

ピンとくるものがあり、それらの神社も、北斗七星に入っているに違いないような気がしてきました。

東京の地図を広げますと、神田明神が目の前にクローズアップされ、北斗七星の器部分の先端は、神田明神だということが間違いないように思われました。

将門塚も、神田明神の管轄ですしね。

ちなみに、家康が天海僧正に命じて江戸城と江戸の町を作るときに、まずは神田明神を一番良い場所に作らせました。

太平洋戦争が終わってからすぐに、マッカーサー元帥が、将門塚のあたりにビルを建ててGHQの施設や指令部を作ろうとしたら、工事中に何人もの怪我人が出て立ち行かなくなり、将門の祟りだということで結局、中止になりました。

将門塚は呪いが強すぎて移動させられないといわれるようになった理由の一つですね。

では、南から北上するように説明していきますと、北斗七星の柄杓の柄《え》の部分の一番端が、御田八幡《みたはちまん》神社。御は天皇の御中の御で天皇陛下のことだから、天皇陛下がいらっしゃる場所。神様と天皇陛下をつないでいます。

ここはかなり由緒ある神社で、明治時代からずっと、密かに伯家神道のご神事が続いているところです。

その次が、天高く天租《あそ》神社。

天は天照《あまてらす》の天ですから、「あ」と読ませるのです。熊本県の阿蘇もともとここからきています。阿蘇も、神話の宝庫ですよね。

天租は、天照大御神《あまてらすおおみかみ》様の祖先、つまり、神々がいらっしゃるところですね。それが、三田にあるのです。

さらに、東京タワーを過ぎたあたりに、愛が溢れる愛宕《あたご》神社。神様の愛ですね。

それから、中心になる将門塚があります。

この4ヶ所が、柄杓の柄にあたります。

柄杓の器の部分は、今度は将門塚から東に行ったところに、水天宮があります。水は、浄化したり榊をご神前に捧げるのに必ず必要なものでしょう。

さらに北、蔵前にいくと榊神社。榊という文字は木へんに神です。神様のお供えとして、その水にいける植物ですね。

再び西に行くと、神田明神があります。神田明神は神の田んぼですから、その名のとおり、神様がいらっしゃる場所の代表格。

有名な神社もあれば、人知れずひっそりとたたずんでいるような神社もあります。
これら7つの神社を、結局、僕はすでに、知っていたわけです。

山崎　すごいお話です。保江先生ならではですね。

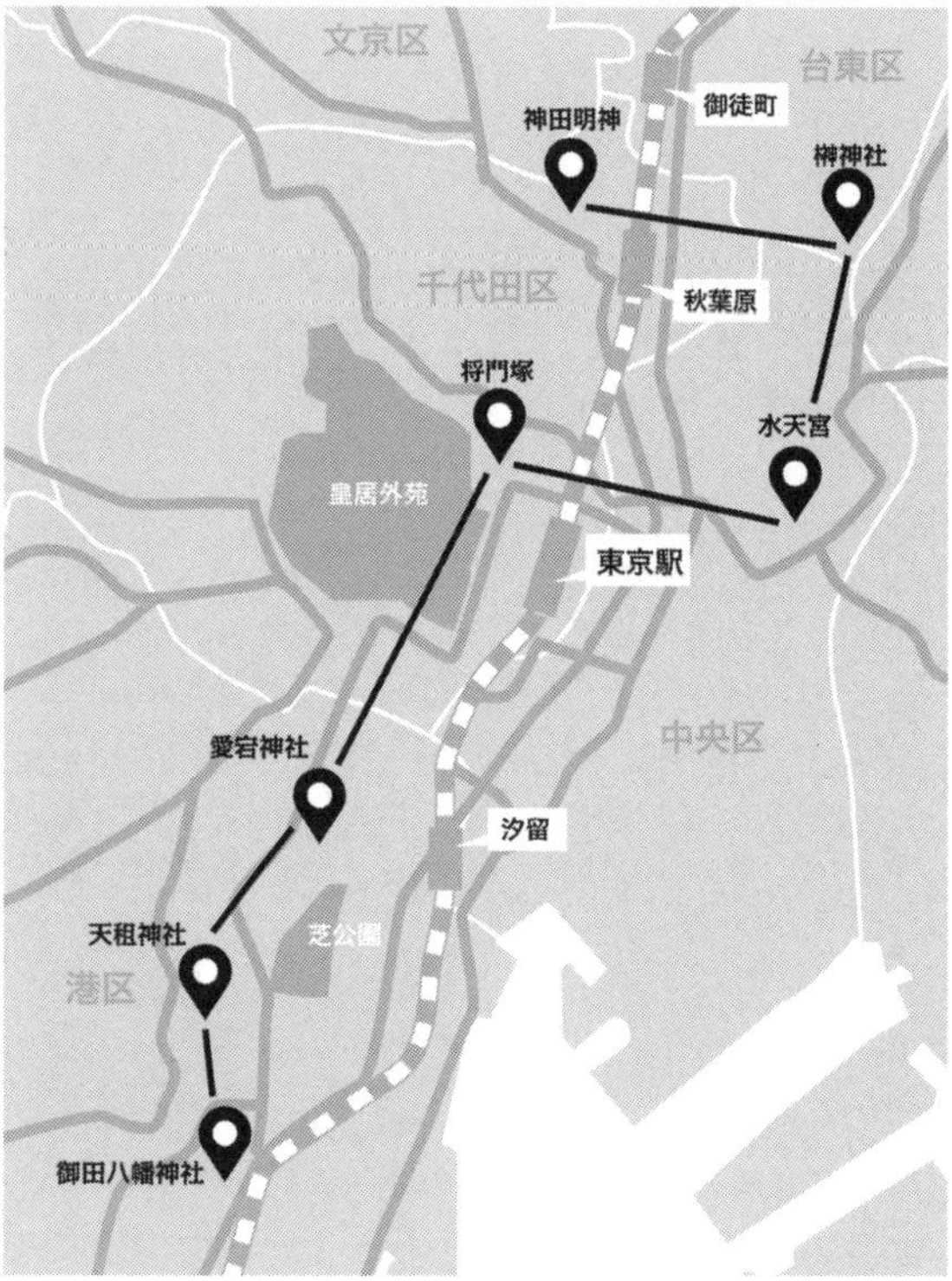

保江　念のためにネットで調べてみたところ、東京の北斗七星について、やはり都市伝説と銘打った情報が出ていました。

「徳川家康が江戸城を作るときに、陰陽師に命じて江戸の町に結界を張らせ、それが北斗七星の形で将門塚を通っている」と。

ただ、そのサイトに出てく

る北斗七星のポイントの場所は、僕が考えたものとは違いました。

将門塚が柄杓の器の部分で、ずっと北上したところに神田明神があり、七星の中心になっている。

柄杓の先端のところが一番大事で、ここを神田明神にしないと意味がないのに、中途半端な位置に神田明神があります。

柄の部分はそこから西に皇居の裏を通り、新宿のほうまでずっと続いているのです。

「これは変だな」と思いました。

実は、陰陽師が北斗七星を結界にするときは、柄杓の器部分の先を攻撃するという意図があるのです。

例えば、京都にある晴明神社ですが、お手水《てみず》の右奥に井戸があり、その前に北斗七星の形に固定された石が置いてあります。

それは、「井戸で水を汲むときには、この石の上を歩いていけ」ということです。

京都は盆地で、水の流れが悪いために、井戸も水質がいいわけではない。その水を飲んでも体に害を及ぼさないように、井戸に近づくときには北斗七星の形に歩きなさいという陰陽師の教えなのですね。

この井戸の場合は、水の中にある人の体に有害なものを攻撃する、排除するという意図があります。

ネット情報の北斗七星では、その器の先に攻撃すべきものが見当たらないので、皇居や東京の鎮守府として作られた神田明神を守っていることにならない。

これでは意味がないので、間違っているわけです。

つまり、この間違った北斗七星の形をこのままにしておけないから、新たに、僕がピンときた北斗七星に結界を張り直すということだったのです。

晴明神社の井戸

僕の北斗七星は、江戸時代に北方からやってくるといわれていた蛮族から、江戸城（現在の皇居）を守るという役割を果たすことができます。

山崎　なるほど。何のために結界が必要だったかを思えば、保江先生の説が正しいですよね。

保江　先ほどもいいましたが、2020年12月21日の冬至から、風の時代になりました。それまでは土の時代だった。

神道では、龍神が守っていた時代が終わって鳳凰が守る時代になったということですから、鳳凰の結界にしなくてはいけない。

つまり、「龍神の結界はもう破っていいということなんだな」と思ったのです。

龍神というのは男性性の神様で、鳳凰は女性性、女神です。

だから、龍神の結界を張るのは男性の神官でいいのですが、鳳凰の結界を張るには女性、つまり巫女がやらなくてはなりません。

そして、北斗七星で7がキーナンバーなので、7の日に執り行わなくてはいけない。

調べたところ、今年2021年に入ってからの日にちとしては、1月1日だけが7の日だとわかりました。数字を全部足すと7になります。これ以外には、足して7になる日はなかったのです。

だから、今年の元旦に、東京でご神事をしたいので来てくれないかと、まずは僕がずっとご奉仕している伯家神道の巫女様に頼んだのですが、京都在住で家庭もあるから、元旦に東京まで行くのは無理ということでした。

それではと、東京の3人の秘書にそれぞれ聞いたのですが、お正月で、みんな田舎に帰るとのことでした。この3人は巫女ではありませんが、ご神事をすれば巫女になることができるのです。

元日からご家族を置いて、こんな怪しいことのために、半日潰して付き合ってくれる巫女なんて、そうはいないわけです。

「どうしたものか」と悩んでいたのですが、そんなときにふと、そういえば、少し前に出会った女性の名前が「なな」だったなと思い出したのです。北斗七星の七ですね。

山崎　おーっ。ここで僕ともつながってきましたね。

僕の友達の、あの谷村奈南《なな》ちゃんのことですよね？

保江　そう！　山崎さんと初めて出会ったあの夕食会に、奈南さんが同席されていたのでしたよね。

ご神事をする前にご縁ができる人には特に、なんらかの意味や神の意図が潜《ひそ》んでいる場合が多い。

それで、そのご縁を頼りに恐る恐るメールでうかがってみると、あっさりと「いいですよ」というお返事をいただきました。

ご神事をする７ヶ所をお知らせしたのですが、彼女の家は、実はその中の神社の氏子《うじこ》だということがわかり、ますます深いご縁を感じたわけです。

山崎　これは面白くなってきましたね〜。

宇宙神社での巫女になるご神事

保江　でしょう？

奈南さんに巫女になってもらうには、そのためのご神事をする必要があります。

相談したところ、ちょうどうまい具合に宇宙神社で執り行う段取りが組めました。

JAXA《ジャクサ》の知人から、そんな面白い名前の神社があって、霊験あらたかだと聞いていました。

僕は行ったことがなかったにもかかわらず、なぜかそこでご神事をするのが一番いいと思えたのです。

それで、近くの知人に車を出してもらい、奈南さんも含め、数人で向かいました。高速道路を出てから下道を延々走っていったのですが、空は晴れていたのに、前方の一部にだけ、なにか不気味な、天地創造のときに出てきそうな不思議な雲がありました。

今まで見たことがないような奇妙な雲だったので特別なものを感じて、僕が、「きっとあの雲の下ぐらいだよ、宇宙神社は」といったら、運転している知人が、「そうですよ」というので驚きました。

その神社に着いてみると、こんなに手入れが行き届いていないようなところで大丈夫だろうかと、少し不安を覚えました。

雑草が高く伸びていて、階段を上るときも周りは草、草、草。

でも、境内に入ったらいいところでした。建物は上等な造りとはいえなくても、そこは別世界だったのです。

さて、いよいよ巫女になるためのご神事を始めました。

ご神事の最中は、神社の周りに風が渦巻くわ、鳥が騒ぐわでかなりざわついていましたが、終了して奈南さんが巫女として誕生した瞬間に、風も止まり、鳥の鳴き声も止んであたりがしーんとなったので、無事に神様が受け入れてくださったと理解できました。

最後に、皆で普通にお参りをしましょうと二礼二拍手一礼をしたら、それまで全員がお社の奥の神棚のほうに向いていたのに、奈南さんだけが、くるっと僕らのほうを向いて礼をしているのです。本人は、

「あ、間違えちゃった」というのですが、実は、それが巫女になった証《あかし》でした。

どこの神社でも、巫女は神棚を背にしているでしょう。神様側のスタッフだから、参拝者に向かっているのですね。

僕が、「今後は神棚を背に……」と後で説明をするはずだったのですが、その必要もなかったわけです。

山崎　実は奈南ちゃんと、新幹線の改札付近でばったり会ったんです。

「拓巳さん」と声をかけられたのですが、マスクのせいで最初は誰だかわかりませんでした。でも奈南ちゃんとわかって、

「どうしたの？」というと、保江先生と前の日にご神事をしていたと。

そんな大切な日の翌日、僕たちは住まいである東京から遠く離れた街の駅で、偶然に会ったわけです。

保江 へえー、そうだったのですね。びっくりだ！

やっぱりご縁がつながっているのです。神様つながりですね。

奈南さんは、山崎さんがつないでくれましたものね。

山崎さんは、昔から奈南さんとお友達だったのですか？

山崎 そんなに何度も会ったことはなかったのですが、保江先生にお会いしたあの夕食会の前に、幹事の大山峻護さんから参加のお声がけがあって、保江先生がいらっしゃるのだったら、きれいな女性を呼んだほうがいいと僕が提案したのです。

それで、大山さんと僕が、「この人なら」と太鼓判を押したのが奈南ちゃんだったというわけです。

保江 やっぱり山崎さんが、うまい具合にお膳立てしてくれていたのですね。

『北斗の拳』のゲームの歌を奈南さんが歌っている YouTube も教えてくれました（注 『北

斗の拳』をモチーフにしたゲームソフト「北斗無双」のテーマソング)。

北斗の拳に関連するイメージは北斗七星ですよ。

名前も奈南(なな)。だから、「もうこの人しかないな」と思ったのです。

山崎　猿田彦の役をさせていただきました。

保江　輝ける未来への道を開く猿田彦ですよ。

奈南さんにはご家族もいらっしゃるだろうから、元旦から出てきてもらうのは無理だろうなとも思いましたが、これだけ条件が揃ったら、神様のことだからひょっとしてこれも采配してくださったのかもしれないと思いまして。

そうしたら、即答でOKでした。

山崎　巫女さんになってほしいと頼んだのですね。

保江　最初のメールでは、巫女になってほしいとはいわずに、

「1月1日にちょっとしたご神事をするから、手伝ってもらえませんか」と聞きました。

快諾いただいてから、巫女の話もお知らせしたのですね。

山崎　巫女さんになるためのご神事は、なぜ宇宙神社ですることにしたのですか？

保江　今回のミッションは、皇居、つまり江戸城を作った徳川家康が天海僧正に命じて張らせた結界を破って、新しく鳳凰の結界を張るというものでした。

それで、家康ゆかりの神社でご神事を行う必要があったので、家康が生まれた岡崎城（愛知県岡崎市）にも行って、家康の霊に挨拶をしなくてはいけなかったのです。

当日は、お昼前に名古屋駅に着いて、まずは岡崎城に行って、徳川家康が産湯を使った井戸や龍穴のある場所を廻ってミッションの成功をお祈りしてから、本丸の裏の広場に行きました。

そこに着くと、なぜか笑みが浮かぶのです。何もないのになんで自分はニコニコしているのかなと思ったら、一緒にいた霊感のある知人が、

「当時の大御所様の部下が、みんな来ていますよ」というのです。

実は、僕は家康の生まれ変わりの魂だと何人もの霊能者から指摘されていて、実際それを裏付けるようなデータがけっこうあるのです。

家康の魂を受けた者として、昔の部下に囲まれたから、「帰ったぞ」という感じでにっこりしてしまうのですね。

そこで、奈南さんを巫女にすると皆に紹介した瞬間、広場にある塔から家康のカラクリ人形が出てきて、舞い始めました。毎日、3時にお披露目される見世物が、ちょうど始まるタイミングだったのですね。

こんなことからも、「うまくできているな」と思いました。

その後、家康の母親が出た富山の水野家ゆかりの宇宙神社で巫女になるご神事をして、結界を張るためのお作法を伝授したのです。

そのお作法でも、柏手を7回打つ、ここも7つながりですね。

こうして準備が整いましたが、すべて山崎さんのおかげです。

山崎さんと奈南さんが駅でばったり出会ったのも、無事に巫女になれたという証ですから、ますます安心しました。

山崎　よく見つけましたよね。大きな駅のあの雑踏の中で……。

保江　しかも、新幹線の改札付近なんて、すごく人が多いところ。通路の幅も広いし、あんなところで普通、偶然には会わないでしょう。

山崎　僕もこのストーリーに出演できて嬉しいです（笑）。

保江　神様がこんなふうに、見事に準備してくれたわけですね。神様って、いいでしょう？

山崎　神様って、いいですね（笑）。宇宙神社は、広い神社なのですか？

保江　小さい。本当に小さな神社です。でも、名前が面白いでしょう。JAXAの方だから見つけたのだと思います。JAXAの方は水野さんという女性ですが、彼女は実際に家康の母親の水野家の血筋なのです。その方の知人の霊視によると、水野さんは家康の母親の魂を受け継いでいる、つまり、僕の母親だということなのです。

そして、車を出してくれた知人は、家康だった頃の僕を護衛してくれていた、すごく強い武将の生まれ変わりで、だから今も、僕の世話をしてくれています。

その方の知人の霊能者が、家康の末娘の魂で、そのことを彼女ははっきりと覚えているのです。僕の顔や声が、浮かんでくる家康のビジョンそのものだと。

彼女は、家康が最後に手をつけた町娘の子どもだということでした。身分が低い母親から生まれたということで、ずいぶんといじめられたという記憶があったようです。

そして、ご神事の前後では奈南さんといろいろな話をしましたが、なぜか奈南さんが、自分の身内のように思えるのです。

こんなきれいな人を見たら、普通、男はもう少し邪《よこしま》な気持ちになりそうなものなのに、最初から全然そういう気持ちがしない……。

これはひょっとして、父親が娘を見る目かなと思ったときに、すぐにピンときたのが、彼女が家康の長女の魂だということです。

正室との間の最初の娘だから、本当に溺愛していたのですね。

山崎　なるほど。保江先生が家康だったというのは、自然に受け入れられる気がします。

北斗七星の結界の張り直し方

保江　それから、家康が江戸城を造ったときには、やはり陰陽師がついていて、将門塚を使って結界を張らせたようでした。

僕は、自分で張った結界を、新しい鳳凰の時代に即したものに自身でまた張り変えられるのが嬉しかったようで、今回は特に、すごく楽しめました。

このミッションの前に、必要なものはすでに与えられていました。

一つはお神酒《みき》です。

講演家としても有名な、木村拓哉さんのお母さん、木村悠方子《まさこ》さんの仲介で、北海道のお坊様がわざわざ僕に会いにいらっしゃいました。

富山県の永平寺で修行された方で、永平寺の館主様からいただいた「黒龍」という日本酒をお土産にくださいました。

それは、今の天皇陛下が、皇太子時代にご成婚なさったときの天皇陛下主催による内宴の儀でご使用酒になったお酒で、評判もとても高いものです。

以来、陛下は日本酒はそれしかお飲みにならないといわれており、それが噂を呼んで、現在入手困難で、普通に注文すると数年待ちだそうです。

その貴重な1本を僕に、「ぜひお飲みください」と差し出してくださったのですが、そのときに僕は失礼にも、「日本酒は飲まないのです、すみません」といってしまいました。それでも、「ご神事のときにでもお使いください」とおっしゃってくださったので、「では今度、皇居の周りに北斗七星の結界を張り直しますので、そのご神事に使わせていただきます」と申し上げたらとても喜んでくださいました。

この「黒龍」を、まさにご神事に使わせていただけると思いましたが、1本しかありません。7本あればそれぞれに置いていけるのですが、1本でしたので、どういう使い方をすればいいかわかりませんでした。

元旦で人出もあるそれぞれの神社でラッパ飲みして、そのあたりに吹くわけにもいきません。まあ、とにかく持っていったらわかるだろうと、とりあえず、包装紙がかかったままの箱を持ち出しました。

次に、麻糸。

2019年に大嘗祭が行われましたが、天皇陛下がお召しになるご装束、麁服《あらたえ》に使われる糸を紡ぐための麻を栽培しているのが、徳島県の三木家です。

三木家は三木元総理大臣のお家で、その麻は代々、三木家しか栽培できないものなのです。

三木家が大嘗祭のために3年かけて栽培して、残った麻はほとんどが焼却処分されるのですが、ある程度は残しておいて、関係者や皇室の方々にお配りするのですね。

僕がそれを、五摂家のお殿様からいただいていたので、やはりご神事に使おうということになりました。

麻糸の使い方をある神主さんにうかがったところ、まず巫女の髪の毛は麻で縛る必要があるということでした。

山崎　奈南ちゃん用ですね。

保江　はい。

そして、北斗七星の形に並ぶ7ヶ所のすべてに、その麻糸で結び目を作らなくてはいけなかったのです。結界を張るというのは、結び目を作っていくことですからね。

それらに充分な量があったので、とてもありがたかったですね。

山崎　とても貴重なものですものね。

保江　それから、少し前に淡路島に乗馬に行ったときに、徳島のお医者さんがいらしていて、「今度のご神事のときに、絶対に必要になるから」といって、水晶の玉を５つくださっていました。

その時点では、僕はご神事をする予定はなかったので、「しばらくご神事はありませんからいりません」といったん辞退したのですが、「いや、絶対に近々なさるはずだから、持っておいてください」と、なかば無理やり渡されたのです。

もちろん、それも使うことにしましたが、「５つなのが変だな」と思いました。

「北斗七星のポイントは７ヶ所あるから本当は７つ必要なのに、あと２つはどういうことなんだろう」と考えたところ、１ヶ所は将門塚で神社ではないから、水晶を置かなくていいと気づいたのです。

「そうなると６つ必要なはずだけど、なぜ？」と、不思議でした。

元日前日の大晦日、就寝時に電気を消して、どうすればいいだろうと悶々として眠れなくなったので、また電気をつけて部屋の中をうろうろしました。

ふっとベッドサイドを見ると、昔もらった、大きな自然の水晶が置いてあったのです。ずっと頭の近くに置いていたのに、自分でもすっかり忘れていたものでしたが、「これは、最後に行く一番要《かなめ》のところで使えということかな」と思いました。

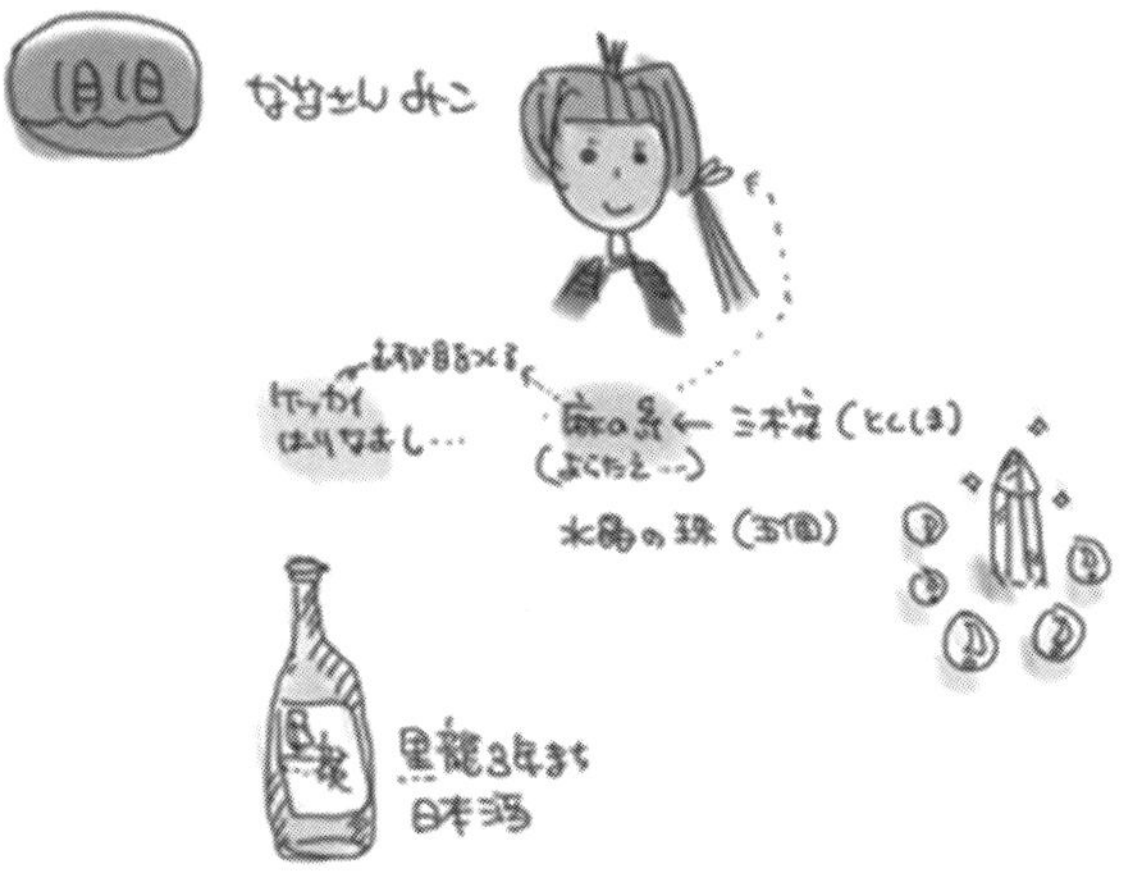

これで、ご神事に必要な道具はほぼ揃いました。
準備万端、大晦日が開けた元旦に、いよいよスタートです。
計画を始めた当初は、全行程を歩こうと思っていましたが、3時間はかかるので厳しいと判断しました。かといって、僕が車を運転していくと停めるところに困るかもしれませんから、結局、ハイヤーを予約していました。
奈南さんに髪の毛を麻紐で縛ってもらって、まずは御田八幡神社から。

日本酒は使うかどうかわからないけれどもとにかく持参することにして、他には水晶、それから麻紐を全部持っていきます。

例年に比べると圧倒的に初詣客が少なかったのですが、それでもある程度は本殿の前に並んでいました。

でも僕らは初詣ではなく結界を張りにきたので、本殿の裏に回って、ここだという場所で歩みを止めました。そういうところには、たいがい誰もいません。

奈南さんに、そこにあった木の枝に麻の紐を1本結んでもらって、その下に水晶の玉を1個隠してもらい、ご神事でする方法で7回、柏手を打ってもらったのですが、打つたびに、本殿で太鼓が鳴りました。

本殿のそばだったので、たまたま誰かが鳴らした太鼓の音が聞こえてきたのでしょうが、ちょうどそのタイミングで鳴るというのは、「やっぱり神様はわかっていらっしゃるな」と思いました。

これまで、神社などで数えきれないほどのご神事をしてきましたが、あの日の緊張はすごかったです。この使命をとどこおりなく無事に果たさなくてはいけないと、とにかく奈南さんを必死でサポートして邪魔が

入らないようにしました。

ご神事の最中に人が来たらまずいと思っていたのですが、なぜかそのときだけは誰も来ることなく、うまい具合にいったのです。

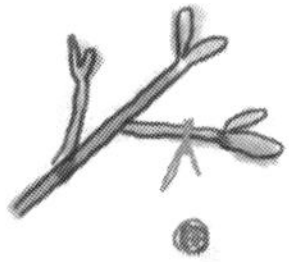

次に、天祖神社に行きました。

あまり知られていない神社だからほとんど人がいなくて、ここではあまりピリピリせずにすみました。

その次が愛宕神社。そこの階段が、エジプトに行ったときに大変な思いをして登ったピラミッドの岩の壁面よりも急だったのです。

それでも、頑張って一気に上がるとすぐに適当な場所が見つかりました。

ご神事の最中に、やはり太鼓が鳴り響きました。

そして、その次のポイント、一番肝心の将門塚ですが、工事中だったのです。

山崎　改修するという話ですね。

保江　はい。工事の目隠しのフェンスが高さ5メートルくらい張り巡らされていて、これは入れないかなと思いましたが、近くまで行ってみると、数人が並んでいました。

見ると、目隠しの金属製のフェンスの中に、建設会社と神田明神が共同で、ガラス貼りの簡易的な祭壇を作ってくれていたのです。

ただ、他の神社と違って、木も土の地面もありません。

下はコンクリートなので、水晶を隠すところもないのですが、ここには水晶は置かないことにしていたので大丈夫でした。

でも、麻を結ぶところがないので困ったなと思っていると、祭壇に、お供えの一升瓶が3本並んでいました。

それにならって「黒龍」を置くことにして、瓶の首に奈南さんが麻紐を巻いてお供えすることで無事に結界を結べたのです。

次に、水天宮に行きました。初めて行ったのですが、あらゆるところがコンクリートなのです。

山崎　安産祈願で有名なところですね。

保江　そうなんですね。

以前はあったという小高い里山も潰されてビルになっており、1階部分は駐車場、2階部分に本殿がありました。

とりあえず、駐車場の脇からコンクリートの階段を上っていってみると、警備員もお参りの人もけっこういて、ご神事ができる雰囲気ではありませんでした。水晶を隠すところがないし、麻を結ぶところもない。

ここは違うなと思ってすぐに下りて、ビルの外を一周してみました。

すると、本殿の裏の広い道の一角に、交番がありました。神社の土地の一部を交番に提供しているようだったのですが、その交番の裏にだけ、土の地面と木があったのです。

ただ、鉄の柵があって中に入れません。

奈南さんが、

「私が柵を乗り越えて入りましょうか」というのですが、交番が目の前だからお巡りさんが見ていたらまずいでしょう。

幸い、1本の木の枝が柵からこちら側に伸びていたので、それに麻紐を結んで、そのちょうど下あたりに水晶玉を投げ入れ、ご神事をすませました。

次に榊神社に行きましたが、非常に良いところでした。本殿の脇は鉄の柵で囲われていましたのでどこにするかをちょっと迷いましたが、最終的に、麻を丸く結んで、それを手裏剣のように土の上に投げました。

水晶の球も投げ入れてもらって、ご神事ができました。

最後は、神田明神です。神社の前の広い参道は、初詣の交通規制で車が通れませんでしたので、神田明神下に回りました。

そこに、ずっとベッドサイドに置いていた大きな水晶を置かせてもらい、最後の麻紐を結んで、終了としたのです。

神田明神のそばのレストランで直会《なおらい》(神社での祭祀の最後に、参加者で食事などをする行事)をすませ、今度は逆順に、神田明神から榊神社、水天宮、将門塚、愛宕神社、天祖神社、御田八幡神社と廻りました。これは打ち返しといって、仕上げになります。

今度は車から降りないで、車の中で柏手を打つのみでした。

ミッションコンプリートでほっとしていた帰り道、ハイヤーの運転手さんと車の趣味が同じことがわかったりなど、楽しく話ができて、

「こうした気の合う人に巡り合ってサポートもしてもらえて、とどこおりなくご神事ができた。結界もうまく張れたに違いない」と確信しました。

朝、11時に開始したご神事でしたが、帰宅したのが夕方5時過ぎでした。

直会でシャンパンを飲んで心地よいだるさがあり、疲れもあったので、ちょっとだけの気持ちで横になったら、急速に眠気が襲ってきました。

眠りに落ちる直前、ちょうど将門塚のあたりで自分が仰向けに寝転んでいる感じがして、空の景色が見えました。

ちょうど皇居の上あたりに、今回張った北斗七星の形に星が並んでいました。

神田明神、榊神社、水天宮、将門塚、愛宕神社、天祖神社、御田八幡神社の真上くらいの遥か上空に七星が見えたので、「これで皇居、つまりは、日本全体の結界ができた。なんとかお役目を果たせたな」と達成感を覚えたのです。

翌日の2日、横浜で開かれた僕の講演会に来てくれた奈南さんから、こんなことを聞きました。

元旦にご神事が終わり帰宅してから、目を開けても閉じても左側の方向に、七色の北斗七星のような光があって、それがぐるぐる回っていたのだそうです。

目を閉じると網膜の黒い背景に、目を開けると景色の上にそれが見えるので、ひょっとして頭の病気か何かかと心配になってネットで調べようとしたら、その光は消えたといいます。こんなことは初めてだったとも。

実は僕も、岡山にいた頃に、同じようなことが一度だけありました。

あるご神事の後、目を閉じても開けても、不思議で幾何学的な光の映像が見えるのです。

それは、ご神事がうまくいったことで、神様がくださったおしるしでした。

だから、奈南さんの北斗七星の光も同じではないかと思い、

「元旦からのお勤めが、うまくいったというサインですね」とお返事をしたのです。

今回の結界のことを主に講演会で話したのですが、僕に結界を張らせるにいたるメールをくれた女性がまた参加されており、とても喜んでくれました。

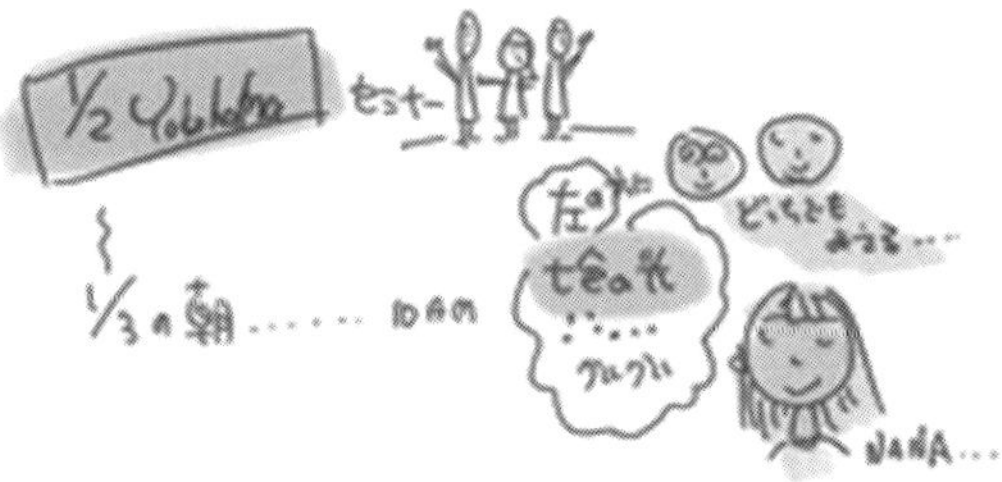

奈南さんとはその後も連絡を取り合っていますが、彼女の周りもちょっといい感じになっているみたいです。

5年ほど前に芸能界での活動を休止し、海外留学を経てサウンド瞑想の講師としてウェルネスを広める活動を行っていたそうなのですが、当の本人ですらまったく考えてもいなかった歌手、しかも当時のままのシンガーソングライターとしてのカムバックを果たしたそうです。

北斗七星の形に結界を張ることで皇居と東京を守り、日本を救ってくれたことに対する神様からのご褒美は、カムバック第1作目の楽曲制作そのものだったのです。

元旦にご神事を執り行う前後から頭に浮かんでいた曲に歌詞をつけようとしたとき、ご自分が子どもの頃に育ったアメリカが、トランプ元大統領とバイデン大統領の間の軋轢や、黒人と白人間のいさかい、さらには新型コロナウイルスパンデミックによる東洋人バッシングなどでズタズタになっていることに心を痛めた彼女は、再びアメリカの人たちの気持ちが一つになってくれるように強く願っていました。

そんな彼女を、アメリカで長く活躍していた日本人歌手の瀬戸龍介さんと専属のミュージックエンジニアの方、それに映像アーティストの方などが手弁当で製作からリリースまでの細かい作業でサポートしてくださり、神様から彼女に与えられた心を揺さぶる英語の歌詞を、素晴らしい一曲に仕上げるという奇跡が現実化したのです。

そして、２０２１年5月30日、奈南さんが神様からいただけたご褒美の新曲『The Power of Unity』がリリースされました。

Queen の『We are the Champions』によって全世界の人々の心が結ばれたように、谷村奈南の『The Power of Unity』によってアメリカの人々が再び強く結ばれていくことを、僕も強く願っています。

巫女になってからきちんとお勤めをしたから、やはり神様がそれなりのご褒美をくれたのでしょう。

僕も、以前は起床時間がいつも10時半頃だったのが、元旦からだいたい7時前には起きられるようになっています。

その時間になると、なぜか気分よくパッチリと目が覚めてしまうのです。

令和3年、世の中も変わり、次元も変わり、自分も何か変わったなと思います。

そのすべては、山崎さんのおかげです。あのとき奈南さんとのご縁をつないでいただかなかったら、成立していないですよ。

山崎　えーっ、瀬戸龍介さんは僕の大先輩ですよ！　すごいつながりが生まれたんですね。「すごいことはアッサリ起きる」が僕の口癖ですが、まさしくそうなって嬉しいです！

保江　しかも元旦の夜、京都の伯家の巫女さんにご報告の電話をしたところ、「安心しました。本当に、あのとき私が無理してでも行きますといわなくてよかった」というのです。

彼女は、年末に転んで膝のお皿を割ってしまい、まともに歩けなくなっていたのだそうです。正座はできないし階段も登れない、ご神事なんてとても無理だったといいます。

神様って、本当によくご存知ですね。

山崎　シンクロニシティーだったのですね。

保江　ご本人には悪いけれども、お皿を割ったという話には、本当に笑ってしまいました。

「私が行かなかったおかげで、最良のご神事ができたでしょ」という彼女に、「ご神事を断ったから、バチがあたったんじゃないの」と冗談をいって、2人で大笑いでした。

現代の戦術としても使える禹歩《うほ》

山崎　先生は、なぜそうしたご神事ができるのですか？
やっぱり、陰陽師の血を引いていらっしゃるからでしょうか。

保江　陰陽師の家系というのもありますが、その昔、京都の神社で伯家神道を68年間なさっているという、80代後半の巫女さんに、引っ張られるようなかたちで始めたのです。

最初は、おかしな新興宗教じゃないかと思って逃れようとしたけれど、行ってみたらとても深淵なご神事をなさっていました。

その巫女さんが亡くなられるときに、お見舞いに行った病室で、「後のことは頼んだえ」といわれてしまって。

おまけに、天皇陛下と皇太子殿下しかなさらない七種の拍手も全部伝授されたものだから、その後も細々と、京都と東京でご神事を続けてきたわけです。

その甲斐あっていろんなご縁がつながって、ご神事のための麻もいただけました。今回のように巫女にするご神事も、結界を張るときのお作法も学んでいたわけです。

山崎　僕も、その興奮をぜひ経験したいです。北斗七星は、先生と同じ順番で廻ったほうがいいですか？

保江　はい。スタートは絶対に柄の先からです。御田八幡神社、天祖神社、愛宕神社、将門塚、水天宮、榊神社、最後が神田明神ですね。この順番で北斗七星を辿ることが大事なのです。

中国でも陰陽道が盛んでしたが、昔、禹《う》という名の将軍がいて、この将軍の歩き方を禹歩《うほ》といいます。禹というのはうさぎのことですね。

一般的に禹歩とは、天皇または貴人が外出するとき、道中の無事を祈って陰陽家《おんようけ》がまじないを唱えながら舞踏する作法のこととされています。

けれども、戦法として活用することもでき、この進み方で攻めてこられたら、相手は必ず負けます。

例えば、軍隊がお城を攻めるときに、まっすぐに突進するのではなく、北斗七星のような動きで攻めると勝つのです。

山崎　北斗七星で動いたのですね。

保江　女性を口説くときも同じです。

山崎　ええ？　そんなトリッキーな動きでですか？

保江　とにかく、まっすぐ近づいたってダメです。
でも、北斗七星の形で近づけば、絶対に成功します。本当ですよ。

山崎　どのタイミングでその動きをすればいいですか？

保江　例えば、何回かデートをして、今宵こそはと下心を持ったとします。
でも、猪突猛進に向かってもパチンとはじかれるだけです。

ところが、この七歩の動きなら絶対に拒否されない。いいでしょう。

これを道場で教えたところ、本当にみんな効果があったと喜んでいるのです。

例えば、これを実践した営業マンが報告してくれた話があります。

彼は飛び込み営業をしていましたが、初めての会社のビルに入るときにこれを使ってみたといいます。

そして、受付カウンターに行くときも、担当者が現れて名刺交換に近づくときにもこの歩き方をしたら、ばっちり契約が取れたそうです。

山崎　それはすごいですね。

保江　効果抜群です。あらゆるときに使えますよ。禹歩で調べたら、ちゃんと辞書にも載っています。
安倍晴明が書き残した陰陽師の本の最後のほうにも出ています。陰陽師は皆、使うのです。

山崎　面白いですね。ネットに、「禹歩を試してみようのコーナー」を作りたいですね。
みんなに書き込んでもらえば、続々と集まるのではないでしょうか。

保江　いいですね。

山崎　自分の本来の力を発揮できるということですよね。

保江　神様を味方につけるということでもあります。

結界を張りながら歩いているようなものですから、悪いものが寄り付かないという。

山崎　以前、友人たちから、「東京の結界が弱くなり始めている。このままではまずい」という話を聞いていたのです。すごく面白い活動をしている人たちで、大阪で「御食事ゆにわ」というお店をやっています。「開運ごはん、神様ごはんのお店」と銘打って。

ゆにわ（斎庭）とは、古神道の言葉で「祭事などの際、神様をお招きする場所」という意味があります。

保江　羽賀ヒカルさんでしょう？

山崎　ご存知なんですね。
僕はそこで料理を作っている人と、とても仲良しなのです。

平安時代の作法や文化は、人の健やかな生活を守るものだった

保江　羽賀さんの東京の拠点になっているカフェが、白金にありますよね。

山崎　そこにも呼ばれたことがあります。

保江　東京に住むようになった4年前に、近くの氷川神社にご挨拶のお参りをしました。

そのときにたまたまカフェを見つけて、入ってみたんです。雰囲気のいいところですよね。

それで、少し前に羽賀さんに呼ばれて、彼のネット番組に2度ほど出ました。

『ユホビカゴールド』という雑誌で新型コロナの特集をしていて、スピ系のいろんな人が、本当に様々なことをいっていました。

その中で、彼と僕だけが、
「平安時代からの日本のお作法、暮らし方に学べば、感染症は心配ない」と、同じような内容を書いていたのです。

平安京は現在の京都にあり、盆地ですから、下水の整備もないその時代には汚水が道路に溜まって、感染症が簡単に発生する状況だったのです。

それで、お公家さんは感染を防ぐために大きな扇子《せんす》を常に持ち歩いて、話をするときは広げて口元を覆っていました。マスク代わりの、シールドだったわけです。

山崎　そういうことですか。面白いですね、扇子が感染予防だったとは。

保江　単にひそひそ話をするためではないのです。

それから当時、男性は、烏帽子《えぼし》をかぶっていたでしょう。

礼をするときに、烏帽子がぶつかり合わないようにするには、2メートル近く離れる必要がありました。

そうやって、ソーシャルディスタンスを保っていたのです。

それから、平安時代の建物はもちろん日本家屋ですが、北だけが土壁で塗り固められており、そこに水場を作っていました。お風呂、トイレ、台所ですね。
感染症を防ぐには、水場に最も気を使う必要があったからです。
土壁というのは、土だけを塗るのではなく、土に小さく刻んだ藁《わら》が入っています。藁の中には、稲の酵母や麹《こうじ》菌などの微生物が入っていて、空気中で悪さをするようなウイルスや細菌をやっつけてくれていたわけです。

そして、東と南と西は障子になっていて、換気がよくできるし、日光もよく当たるようになっていました。

山崎　そうした理由で、北側に水場があるわけですね。

保江　「平安時代からの日本人のお作法、暮らし方なら、感染症になりにくい」と書いたのは僕と羽賀さんだけで、他の人は、神様にお願いすればよいとかいうことを書いていました。そんなことでうまくいくのかと疑問に思うようなことしか書いていない。

それで羽賀さんも僕を気に入って、呼んでくれたのです。

山崎　なるほど。彼らも、「東京の結界が弱くなっている」といっていたんですよ。

保江　岡崎城に案内してくれた人たちも、すでに5年前から話していました。

そのエリアにいる霊能者が、

「東京の陰陽のバランスが崩れかけているから、誰か霊的なことがわかる人が東京に行って、東京タワーと皇居を結ぶレイライン上でそれを止めなくてはいけない」といっていると。

他人ごとのように聞いていたら、「あなたのことですよ」といわれました。

結局、今、そのレイライン上に住んでいるんです。

しかも、部屋のすぐそばに龍穴があって、五島列島から持ってきた隠遁者様の大きな十字架も厄除けになっています。

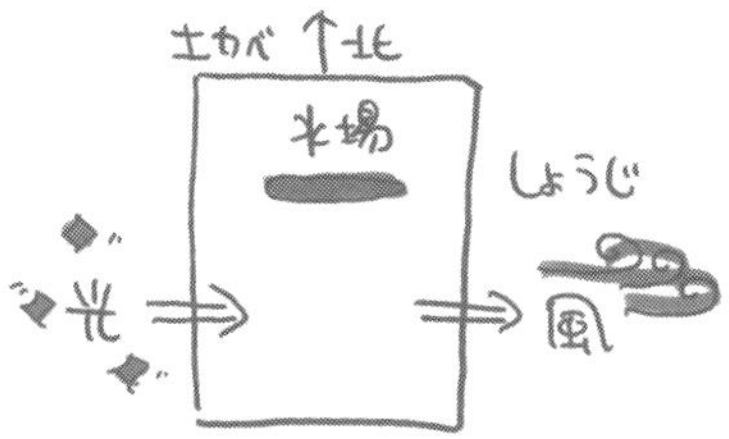

あと、麻布の茶坊主さんと僕が呼んでいる予言者がいて、カウン

セリングをやっています。

もともとは、喫茶店のマスターだったのですが、あるとき、お客さんの気持ちが手に取るように理解できるようになって、アドバイスをしてあげればその人が良い方向に進むということもわかるようになったのです。

それで、「あなたはこうするといいですよ」と話すと、最初は困惑していたお客さんが、あとから、「あなたのいうとおりになった」と感謝をしていたそうです。

それ以来、その喫茶店には、コーヒーよりも相談目当ての客のほうが多くなったので、喫茶店はやめて、超能力的、予言者的カウンセリングを専門にするようになったわけです。

奈南さんも、喫茶店だった頃から行っているそうです。

山崎　奈南ちゃんも詳しいですね。

保江　その茶坊主さんから、

「あなたは、半年以内に六本木と高輪の間に住むようになります」なんていわれて、

「そんなバカな。俺は岡山を離れるつもりはないから」といい切っていたのに、なぜか白金に住むようになってしまったわけです。

山崎　じゃあ、茶坊主さんにはもう見えていたのですね。

保江　そうです。

山崎　その方も、やっぱり結界が弱くなっているとおっしゃっていたのですか？

保江　彼は、こうやって東京に必要な人が集まってきているから大丈夫といっていました。富士山の噴火も首都直下型地震も起きないと。

元旦のこのご神事で、もう万全だと思います。

山崎　先生、偉業ですよ。これは、１００年後も２００年後も語り継がれると思います。

保江　少なくとも、２４０年くらいは続きますから。

山崎　鳳凰の時代ですね。

アカシックレコードはすべての真実を記憶するもの

山崎　ところで、最近久々にエドガー・ケイシーにはまって、いろいろと調べています。ケイシーのように、アカシックレコードから情報を取ってくる人たちの本がたくさん出ていますが、先生はアカシックレコードについて、どんなふうに認識されていますか？

保江　例えば、我々が死ぬと、しばらくは親族などの近くにいます。でもそのうち、だんだんと自分の個性も消えて、最終的には何かと融合してしまうのです。

それを神と呼んだり、あるいはサムシンググレートとか宇宙意識とか、完全調和と呼んだりしますが、そこに、すべての個人の記憶も含め、あらゆるものが記録されるわけです。

そして、次に生まれるときには、その中からある程度の記憶を選べるのです。それで、前世の記憶を持っている人がたまに生まれることになるわけです。

死んだ誰かの記憶をそのまま引き継ぐということではなく、少しの断片を持ってくることがあるのですが、生まれた後にも、そうした記録を取れる人もいます。

それが、エドガー・ケイシーのような人たちなのです。

そういう人が取ってくるような、サムシンググレート、神様と呼ばれるような無窮《むきゅう》の存在が持つ過去からのすべての記憶、すべての真実――それらがアカシックレコードと呼ばれていると僕は思っています。

山崎　そういう人たちがトランス状態に入って記録を取ってこられる、つまり、死んでいないのにあちら側に行けるということですよね。

保江　そうです。あちら側といっても遠くではなく、すぐそばにあります。

僕が大学院生だった頃から研究していた、日本人として初めてノーベル賞を受賞した理論物理学者湯川秀樹先生の、「素領域理論」というものがあります。

空間の構造についての理論ですが、我々が、何もない広がりだと思っているこの空間は、実際は何もないわけではありません。

物質を構成する最小の単位といわれる素粒子が生まれる前に、まずごく小さな超微細空間の泡が無数に発生し、その泡の中に、電子やクォークなどと呼ばれるエネルギーの波（振動）である様々な素粒子が生まれては、他の泡に飛び移っているという理論です。例えば、ビールの泡と泡の間に黄色い液体がありますが、この理論では、素粒子は泡の中にしか存在できないのです。

山崎　泡の中だけなんですね。

保江　泡から泡に素粒子が飛び移っているのを、何もない空間の中で移動していると思うでしょうが、本当はその空間には、ビールの液体がたくさんあるのです。

我々は、泡がたくさん集まったものがこの宇宙だと思っていますが、本当は、泡と泡の間の黄色い液体のほうが大事なのですね。

ビールでも、泡よりも液体を飲んだほうがおいしいでしょう。

そして、サムシンググレートや神様や宇宙意識などと呼ばれているものは、この液体の部分だと僕は思っています。ビールの液体は、あの世でもあり、泡のすぐそばにある。

つまり、あの世とこの世はビールの泡と液体のように、からみ合っています。

だから、アカシックレコードも、遠い宇宙の果てから引っ張ってくる必要はないのです。

エドガー・ケイシーだけではなく、生まれつきそういう能力がある人もいますし、死にかけるほどのショックを受けたことで、ビールの液体側の情報が取れるようになった人もいます。

そうした人たちには何でもわかるし、超能力的なことができる場合もあります。

山崎　そんなふうになれたら面白いでしょうね。何かコツがあったら知りたいです。

保江　一番簡単なのは、死ぬような目に遭うこと。知人の霊能者がいっていました。

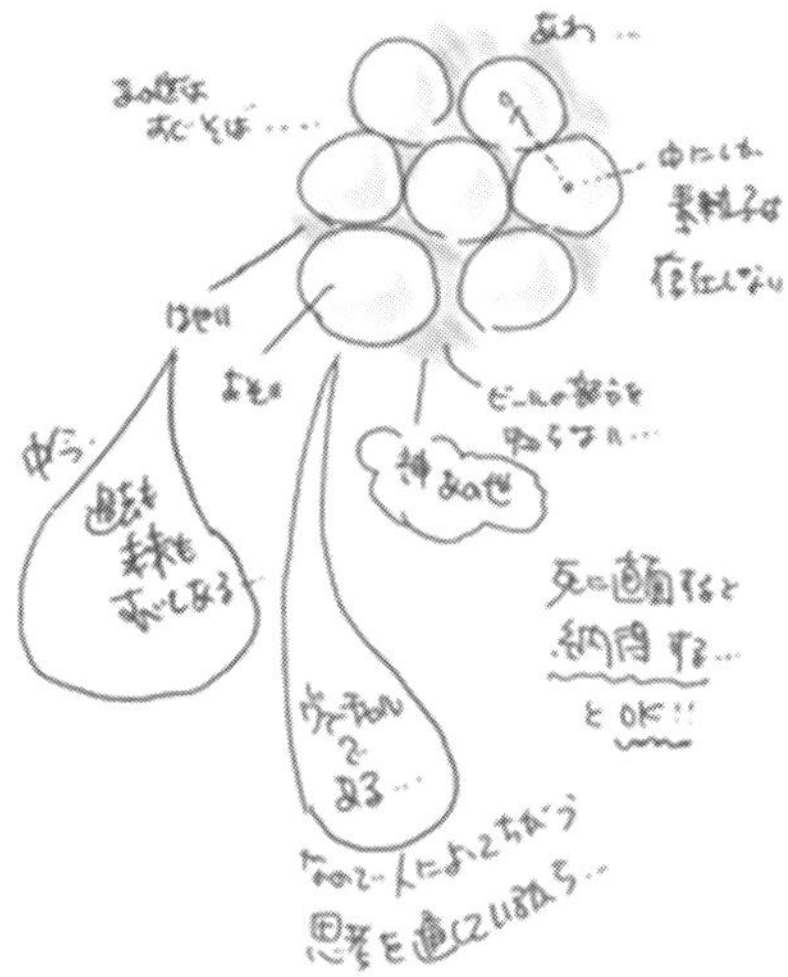

死に直面すると、そうした真実が目の当たりになって、すべてを理解できる。

頭で考えて理解できたような気になったり、悟ったと自信を持てたとしても、実際は、１００％信じ込むということはなかなかできませんよね。

けれども、微塵も疑いを持たないような状態になれれば、誰でもアカシックレコードから湯水のごとく情報が流れ込んでくるのだそうです。

山崎　先生は、手術中に心拍停止状態になったとおっしゃっていましたね。そのときは、夏目雅子さんのような美人看護師さんが付いていてくれたとか。

保江　はい、あのときは死にかけたというか、２分30秒間死んでいました。

手術前に、夏目雅子さんにそっくりな看護師さんがずっと僕の手を握って励ますように見つめてくれていたのです。

でも、手術後にお礼をいおうとしてお医者さんや他の看護師さんに聞いても、そんな人はいなかったという。

おそらく、初めて全身麻酔をして仮死状態のようになり、通常は見えないようなものも見えていたのでしょう。泡の部分ではなく液体の部分にいた天使のような存在が見えていて、手を握ってもらった感覚もはっきりと覚えているのです。

山崎　半分、液体のほうに行かれたんですね。

保江　半分液体、確かにそのとおりです。

山崎　この泡と泡の間をすり抜けるときには、素粒子は波動になっているのでしょうか？

保江　実は、もともと素粒子というのは、エネルギーでしかありません。

泡の中にエネルギーとして存在しているものを我々が素粒子だと思っているだけで、実際には、粒があるわけではないのです。

波動はエネルギーの一つの形態だし、光もそうです。それらが動くのは光の速さが限度で、1秒間に地球を7回り半するほどのスピードです。

ところが、液体の中ではもっと速いのです。ちょっとエネルギーが加わったら瞬く間に、光より速く、瞬時に移動してしまいます。

だから、過去も未来もすべてそこにあるのですね。

山崎　そういうことですか。速いということがキーなのですね。

保江　そうです。そこには時間というものがありません。
時間を認識できるのは、遅いからです。伝搬が遅いから時間があり、待ち時間が発生するわけです。待たされなければ過去も未来もなく、常に今。中今なのです。

山崎　なるほど。

それから、「この世は実はバーチャルでは?」という考え方がありますよね。

保江　そのとおりです。今、我々が生きていると思っているこの泡の世界は、バーチャルです。

ビールだって、泡だけ飲んでもつまらないし、楽しく酔うこともできないでしょう。

本当の世界は、アカシックレコードを蓄えているビールの黄色い液体のほうなのですね。

泡の世界は、人によって違うものになります。

我々個々人の意識、思考というフィルターを通して見ているからです。

例えば、色なんてまさしくバーチャルです。

赤、黒、青、緑とたくさんの色がありますが、それが宇宙の物理学の世界にもあるかといったら、ありません。光が物体に当たって反射して、そこから出てくる光が、補色である赤い光だけ跳ね返している。それを我々は、緑と認識するだけです。

つまり、我々の脳みそが働いて、緑という色感に置き換えて認識しているということ。

例えば、山崎さんの服の黒い色ですが、山崎さんが認識している黒と、僕が黒と認識している色が本当に同じなのかどうかは、永遠にわからない。

受けてきた教育で、この色を黒と呼ぶと習っているから黒だと思うだけなのです。

これを、心理学ではクオリアの問題といいます。クオリアとは質感のことです。

でも、物理学的には、単に様々な光の波長が跳ね返ってきているだけなのです。

物理学者にいわせれば、物理現象として、いろんな波長の光が様々に変化しているだけのこと。

我々は、波長の長短の変化を7種類の色で見分ける色感クオリアを身につけているだけなのです。

物理学的には、周波数というのは連続的な波長の変化で、いろんな周波数が無限にある。

本来なら、その無限にあるものを7つに区切って、色感を7色と決めることはできないんですよ。

つまり、我々は架空の認識で世の中を作っている。どうしてそうするのかといえば、そのほうが簡単だからです。

もし、無限の色合いを全部認識させていたら、「これは黒だ」ということもできません。

「この色は波長1／10000ミリだよね」
「そっちは3／10000ミリだね」とか、つまらない表現しかできない。けれども、彩りというクオリアにそれを変換できて共通意識を学んでいるから、表現が楽なのです。

我々の目に映るカラフルな世界というのは、実はリアルではなく、いろんな波長の光が跳ね返ってきているのにすぎないという、味も素っ気もないのがリアルな世界。

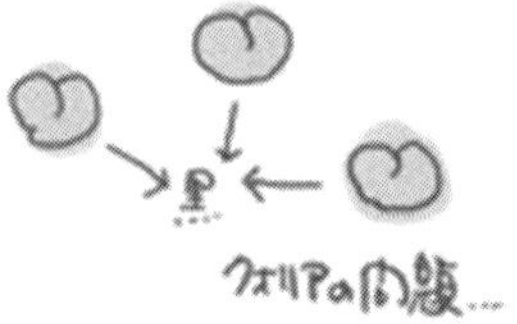

ビールの液体の部分がリアルで、我々が宇宙の森羅万象と思っているものはすべて、泡の中に生まれて泡から泡に飛び移っている、虚しいエネルギーだといえます。本当に重要な液体の部分は、我々にはなかなか認識できませんが、でも、すぐそばにあるのです。

プラトンも『イデア論』で、「洞穴に住んでいる人々は、外の明るい光が洞穴の奥に映し出す影をリアルな世界だと思っているが、本当の実体は洞穴の外にある」といっていますが、まさにそれです。

文化的教育がなければ音や色の認識はついてこない

山崎　僕も、そうしたことをよく考えます。

セミナーのときは、脳についての話をよくするんですが、例えば、ここで僕がギターを弾いても、僕から先生までの間には音のゆらぎしかない。先生の頭にゆらぎが届いて、初めて音になるわけですよね。

ハーモニーといってもただゆらぎがあるだけなので、音楽はあなたの頭の中にしかないんですよ、と話しています。

保江　そのとおり。学者でも、そこを理解できていない人が多いですね。

例えばオーケストラだったら、バイオリンやティンパニやフルートなどのいろいろな音があり、そのすべての音は、物理的にいえば空気中の振動、波動として鼓膜に届くわけです。

鼓膜は空気の振動に共鳴して動き、それを脳が認識します。

ところが、たくさんの種類の楽器が同時に鳴っているときの振動が鼓膜に届いたときは、それがどの楽器が作った振動かわからないわけです。

脳がそれを解析して、バイオリンの振動、ティンパニの振動、フルートの振動とわけて、それぞれの振動を見事に再構築して調和させるなんて、物理学的にはありえません。

物理学的には、すべての振動を足し合わせたら、単なる雑音になるはずなのです。

どんな振動でも一つの波形であり、それを一意に分解する方法はないからです。

それなのに、見事にそれぞれの楽器の波動、つまり音を認識して再構築ができている。


これを疑問に思った学者が、実験をしてみました。

アフリカの原住民に、オーケストラが演奏する音楽を聞かせて、どのように聞こえるかを答えてもらったのです。

すると、ジャングルにいる鳥の鳴き声やライオンの咆哮《ほうこう》や、川や滝の音などのように聞こえるのだそうです。彼らにも独自の音楽がありますが、オーケストラが奏でる音が、音楽だとわからないのです。

山崎　ジャングルの音に聞こえるとは、驚きですね。

保江　それで、彼らに西洋音楽の授業をして、その他、西洋の教育を受けてもらいました。
それで、初めてオーケストラの奏でる音楽が理解できるようになったのです。

山崎　じゃあ、認知認識の世界なんですね。

保江　そうです。データや素養がないと、音楽であるという理解さえできないのです。色もそうです。日本人や西洋人など、文明社会で教育を受けた人間は、虹を見るとだいたい8色に見えます。

よく虹は7色といいますが、現代の日本人には、たいてい8色に見えるそうです。

一方、アフリカの原住民は、視力はずっといいのに、絵の具で虹の絵を描かせると、3色しか使わないといいます。

つまり、音や色は、文化的教育がないと認識がついてこないのです。

山崎　これは、なぜ教育が必要なのかを説明するのに、とてもわかりやすい例ですね。

保江　平安時代、奈良時代の日本の一般大衆には、今のような微妙な色

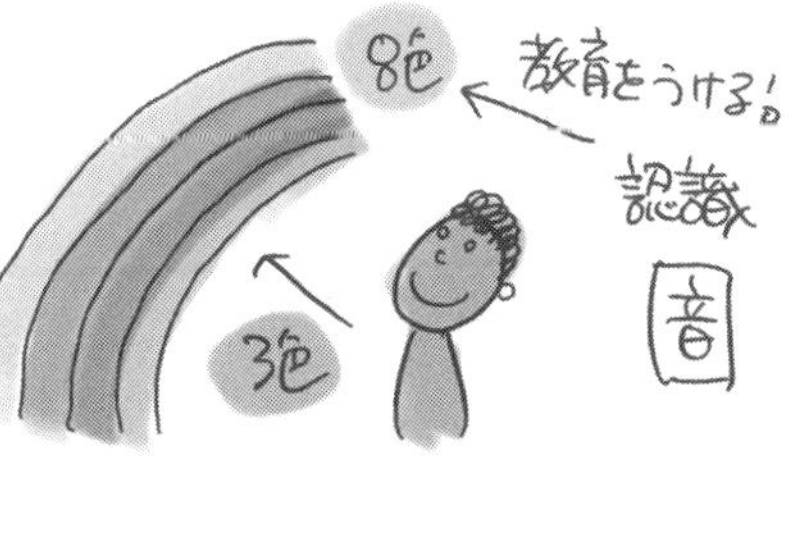

合いがわかりませんでした。

だから、昔からの色の呼び方は、青も緑も「青」でしょう。青い山々とか。それから、青信号といいますが、本当は緑でしょう。

茶色は、赤に含まれていました。だから、御朱印船は赤い船ではなかったのです。木でできている茶色っぽいものはみんな、赤といっていました。

時代劇では、御朱印船は朱色に塗っていますが、実際は、木造のままで赤だったのです。

教育と文化的発展の具合で、認識がどんどん変わるわけです。

山崎　やはり、教育は大切ですね。

僕はセミナーで、だまし絵みたいな、顔が2つ向き合っているようにも、花瓶のようにも見える絵をよく見せます。

その絵は、一つの面に2つの現実が入っている。そして、片方を見るともう一方が消えて、違うほうを見るともう一方が消える。

「これはわかりますよね」というと、誰もがうなずきます。

そこで、この世の中にはこうした無数のエレメントがあるけれども、実は自分の心で描いた

ものを、ちゃんと形にして取り出せるようになっているんだ、という説明をしているのです。

保江　偉い。そういうふうにいってくれる先生はいないですね。そのとおりです。

人間は、常に脳に騙されているわけですよ。脳が、都合よく世界を作り変えています。

山崎　脳がしているのですね。

保江　勝手にね。

一番わかりやすい例が、小学校の実験にもありますが、白い紙の上に、10数センチ離して黒い点と赤い点を置きます。

そして、左目をつぶって、右目の視野の中心に黒点を入れて、ずっとその黒点を見ながらだんだん顔を近づけていきます。すると、ふっと赤い点が消えるところがあるのです。

つまり、網膜には盲点というのがあり、消えたのは、ちょうど赤い点の位置が盲点に差しかかったからです。

　では、赤い点が消えたところは、何色になると思いますか？

山崎　紙の色、白ですか？

保江　そうですね。でも、盲点には神経がないので、本当は白い紙も見えないはずです。本当なら、ブラックホールのようにそこが抜けていなくてはいけないのです。

山崎　脳が騙しているんですね。

保江　そうです。脳が周囲にあるデータを適当に持ってきて、白く見せているわけです。

山崎　つまり、錯覚なのですね。

保江　小学校では、この実験で生物学的な盲点の存在を教えていますが、肝心な点については説明しないわけですよ。

「赤い点が消えた！　本当に盲点てあるんだ」と楽しんでいますが、本当は透明の穴が開かなくてはいけない。白く見えているのは、脳に騙されているということも教えるべきですね。仮想世界を見させられているのだと。

山崎　先生、僕は目のレーシック手術をしたときに、物がとてもはっきりと見えるようになったのです。ものすごくクリアで、ピントがばっちり合って、それこそ脳がクラクラしそうなほどでした。

お医者さんがいうには、

「3日くらいで、脳がちゃんとマイルドに切り替えてくれますから。そのままでは情報が多すぎますからね」ということでした。

やはり、僕らが見ているのはリアルではない。脳が上手にやってくれているのですね。

赤ちゃんも、静かで暗い場所に寝かせておかないといけないのです。

脳が全開で、入ってくる情報をコントロールできないからですね。

保江　成長しても、情報がどんどん入りすぎてしまい、てんかん症状を起こす人もいます。

山崎　ということは、そういう人の脳は優れているということでしょうか？

保江　そう、優れているのです。

あまりに細かい情報まで入ってくるので処理が追いつかないだけで、本当はすごい脳なのです。

山崎　てんかんは欠陥ではなくて、優秀な証というわけですね。

保江　だから、なんらかの方法で頭全開でもいいようにしてあげられれば、頂点にいく可能性すらあります。

山崎　スーパー人類になるわけですね。

本当はみんなの脳は処理能力が高いけれども、全部処理しようとすると負荷がかかりすぎるので、気になるところだけをちゃんと取り入れている。

保江　まあ、手を抜いているわけです。

お母さんを疑え！

山崎　僕は、ビジネスセミナーでこんな話をしています。

ご自身のお母さんが、「急に老けたな」と感じることがあると思います。

みんな毎日、家にいてご飯を作ってくれる女性について、本当に自分の母なのかというようなな、確認しようとする眼差しを向けることはないはずです。

たぶん、記憶のエリアにいるアバターのお母さんと喋っている。リアルなお母さんとしてチェックしてはいないのです。

それが、あるときたまたま記憶がアップデートされると、

「あれどうしたの？　急に老けていない？」となるわけです。

それと同じで、実はあなたのビジネスも、自分に興味のあるところだけはいじっているけれども、本当は世の中では動いているのにチェックしていないところがたくさんあるんじゃないでしょうかと。

あそこの取引先は昔からダメとか、何々さんは、これくらいしかパフォーマンスを出せないから期待できないなどと、思考を止めていないないですかと聞くのです。

題して、「お母さんを疑え！」ですね。

保江　さすがですね。真理をついています。

山崎　例えば、あるスタッフが、

「○○くんは俺の電話を取らないから、もう電話はしないことにしてるんです」というから、「いいから電話してごらん」というと、ちゃんと電話に出るわけです。

みんな、盲点のところに引っかかっていますね。脳の盲点って大きいのですね。

保江　僕にも、そんなエピソードがあります。

お話ししたように、以前、女子大で36年間教鞭を執っていたのですが、その頃に目にしていた女性は、18歳から22歳までの若い女の子ばかりでした。

それで最初の頃は、楽しいからランチを学食で食べていたのですが、若い女の子たちは、僕がちょっとうどんをポトッと落としただけで、みんなしてクスクス笑ったりするわけです。

注目を浴びるのがなんだか恥ずかしくなって、そのうち学食には行かずに、土方のおじさんや地元の男性が行くような、近くの場末のうどん屋に行くようになりました。

あるとき、珍しく女性客がお店に入ってきたのでちらっと見やると、20歳ぐらいの若いきれいな子で、「こんなうどん屋に食べにきたのか。掃き溜めに鶴じゃないか」と少し驚きました。うどんを食べている途中に、ふっと目を上げたら、さっきは20歳ぐらいに見えたのに、30ぐらいに思えました。

「そうか、30代か。でもやっぱり珍しいな」と思って、また食べ始めました。

そして、店のおかみさんが彼女のところに注文を取りにいったときにまた顔を上げて見てみたら、その女性が、今度は40代くらいのおかみさんと同じくらいの年齢に見えるのです。

「あれ？」とか思ってまたうつむいてうどんを食べているうちに、ズルズルとうどんをすする音がしてきた。

「あのきれいな女性も、音を立てて食べるんだ」と思ってあらためて見てみたら、どう見ても70歳以上のおばあさんだったのです。

もう、びっくりして、「自分は頭がおかしくなったのかな」と思いつつ大学に帰り、たまたま心理学の先生と廊下で会ったのでお聞きしてみました。

「さっき、うどん屋でこんなおかしな体験をしたんだけれども、僕は頭が変になったのかな？」

心理学の先生答えて曰く、

「よくあることですよ」


まず、ぼんやりとその人が視界に入ったときに、女性だというのは服装でわかります。

そのタイミングで、網膜に映った顔や姿形のデータを全部使ったら脳がものすごく疲れるので、海馬と呼ばれる脳の一部分が記憶のデータを引っ張ってきます。

その海馬はちょっと手を抜いて、とりあえず一番引っ張り出しやすい女性の顔や姿形のデータを当てはめるのです。

人間の視覚や聴覚などの外界認識では、先ほどの話のように、１００％のデータを認識していたらてんかんになります。だから手を抜くわけです。

僕は女子大でずっと教えていたから、女性に関する一番取り出しやすいデータは、18歳から22歳までのピチピチの可愛い子になるわけです。

だから真っ先にそれが出てきて、次に少し時間を置いてゆとりを持って見てみたら、データが補正されてもう少しリアルに近いデータを引っ張ってきます。それで30歳ぐらいに見えたのです。

さらに店のおかみさんと並んだら、今度はおかみさんの姿形と似たようなデータを引っ張ってくる。

そして最後に、網膜に映っている本物の映像が見せられるので、リアルの七十過ぎのおばあさんに見えたわけです。

これは、誰でもよく経験することだそうです。

例えば、山崎さんの後ろに、赤富士の絵がありますから見てみてください。

山崎　はい。

保江　絵の隣に、時計がありますね。何時何分何秒ですか？

山崎　3時32分40秒です。

保江　今、秒針が一瞬、止まったように見えませんでしたか？

山崎　見えました！　これは、どういう現象なんでしょうか？

保江　時間を知ろうと思って時計を見たときには、秒針は始めからちゃんと見えますが、隣の赤富士の絵を見ようとしたときには、秒針はほぼ見えていません。

つまり、はしょって見ているのです。本当は秒針が動いているのに、見させなくしているのですね。

「何時かな」と意図的に見始めたときに、慌てて秒針のデータを送ってきます。

そのタイムラグがあり、秒針は1秒ごとに動いているのに3秒間ほど動かずに、その後ポンと動いたように見えるのです。だから、一瞬、時計が壊れていると思ってしまうわけです。

でも、そういうふうに騙し続けるのがいい面もある。

例えば、授かり婚で仕方なく結婚したというような場合、夫は、本当はもっと美人の子がよかったなと結婚当初は思っていても、ずっと見ているうちに、脳がわざと判断基準を下げて、美人に見えるようにするそうです。

山崎　それは、本能的なものですか？

保江　はい。そうしないと自分が辛いからです。

女性を蔑視するつもりはないのですが、「俺はなんでこんな不器量な子と結婚することになってしまったのか」とずっと思い続けていたら、ストレスになるでしょう。

だから、脳が自分を守るために都合のよいように、見方を変えさせてしまうわけです。はたから見たら、「なんでこんな人が好きなの?」と思うような人に恋をしている人もよくいますよね。「恋は盲目」ということです。

でもそれをセミナーで、仕事に関連づけて話されているとは、さすが山崎さんです。

そうして脳が我々自身を騙しているのと同じように、この宇宙が、つまりビールの液体の部分が、泡の中にしか存在できない我々を騙しているわけです。

自分にも騙され、宇宙にも騙されている。

山崎　宇宙にも騙されている……、面白いですね。

「恋の寿命は3年」とかいわれていますが、3年経つとその現象は魔法が解けたようになくなるのですか?

保江　だから、離婚してしまうわけです。魔法が3年しか続かないから結婚という契約を作って法律で縛っているのです。

山崎　3年以降は契約で続けさせているということですね。

保江　だから、動物の世界では毎年相手が違うでしょう。おしどり夫婦なんていいますが、おしどりは本当は、毎年相手をとっかえひっかえしています。なぜ、おしどり夫婦というのかは不思議ですが。

山崎　僕は、ニューハーフのお店に行くと、初めはニューハーフの中の男性の部分を探してしまいます。
　だいたい2時間が1クールとなっているのですが、後半になってくると、女性の部分を探してしまうのです。

保江　へえ。それはなぜですか？

山崎　たぶん、脳がちょっとぼやけてくるのではないでしょうか。酒も回ってきて、すごく可愛く見えてきますし。

そして、お会計をすませて彼女たちがエレベーターホールまで送ってくれるとき、見上げるほどの上背があったりして、「おお、こんなに大きい人だったのか」と気づかされるんです。

そして、現実社会にまた帰っていく。

先生、僕はいつも思うのですが、女性の心を持っている男性に生まれた人って、たいがい背が高いのです。

逆に、男性の心を持つ女性もいますよね、おなべさん。彼らはたいがい背が低いのです。

おなべさんで背が高い人は見たことがないですよ。みんな158センチ以下ぐらい。

ニューハーフはみんな、175センチ以上ありますね。

たぶん、その遺伝子は、なんらか身長と関わっているんじゃないかと、かねがね思っているのですが。

保江　確かに、運動選手にゲイは多いですね。そして、運動選手は背が高い人が多い。

格闘家にもゲイが多いですよ。なるほど、そういうことか。

山崎　身長と性別の相互関係がＤＮＡの配置と関係する証明が近い将来、僕たちに届くかもしれません。

保江　実際、不思議なのが、生物の両性具有です。

生存している環境がいい、つまりストレスがなく環境が整ってのんびりしているときには、男と女に分化していて生殖がある。

ところが環境が悪化して、種としての生存が危ぶまれるようなときはみんながメスになって、自分だけで繁殖できるようになるそうです。その際、オスだけになることはないといいます。

山崎　まあ、オスは不完全だといわれていますからね。

保江　もともと、オスはいらないようなものなのです。

山崎　じゃあ、強いストレスをかけていくとみんなメスになっていくということですね。

保江　一時期、ＳＴＡＰ細胞というのがもてはやされていましたよね。ｉＰＳ細胞はがん化の可能性があるけれども、ＳＴＡＰ細胞は一切その心配がないから、再生組織を作れるんですね。

日本では無理やりに、ＳＴＡＰ細胞が嘘だということにされましたが、今でもちゃんとドイツなどで研究していて、ドイツやアメリカがＳＴＡＰ細胞の特許を全部取得しているのです。

そのＳＴＡＰ細胞も、実はものすごくストレスをかけるんです。すると、培養している細胞の中のほんの１％だけがＳＴＡＰ化されて万能細胞になる。つまり、メスになるのですね。ストレスをかけないとならない。

人間も、基本的に身体が大きいほうがたぶん、ストレスに強いでしょう。だから、メス化するんじゃないかな。

山崎　どこかで負荷がかかってしまったのかもしれないですね。それを耐えた体の大きい人だけがメス化するのかもしれない。

先生、コロナが明けたら、ニューハーフショーを見に2丁目に行きましょうよ。

きっと先生はニューハーフはお好きでないでしょうが、帰る頃には「可愛い子たちがいるね」となりますから。エレベーターホールでガーンとなるのも楽しい体験ですよ。

また彼女らは、背が高いのにハイヒールを履くんですよ。もう、プロのバレーボール選手ぐらいのサイズになりますから。

保江　目の錯覚の恐ろしさをあらためて思い知ることができますね（笑）。

山崎　目の錯覚といえば、僕にとってすごく面白かったのが、モネの睡蓮の絵ですね。

パリのオランジュリー美術館に、モネの睡蓮の絵の専用展示室がありますよね。

僕も絵を描くので、どうやって描いているのかなと興味を持って近づくと、至近距離で見たらただ色の羅列なんです。これがどの距離から睡蓮になるのと思って離れていくと、「あ、ここで今、睡蓮になった」というポイントがあるんです。

絵から1メートル半から1メートル70センチぐらい。その長さくらいの筆がないと描けないよねと思って。調べてみると、やっぱりそのくらいの長さの筆で描いているんですね。

あれも目の錯覚ですよね。

保江　確かに、油絵は目の錯覚を利用することが多いですね。

要するに、我々が生かされているると思っているこの世界はリアルではない。自分の脳にも騙され、神様にも騙され、宇宙にも騙され。
　でもおそらく、騙されていないと生きていけないんだろうね。

山崎　また新説ですね、それは。

保江　授かり婚の夫婦の話もしましたが、騙されているほうが幸せというのがあるじゃないですか。

山崎　はい。騙されたがっている人が、世の中にたくさんいます。「なんでそれを信じちゃうの？」というような。
　でも、本人的にはそのほうが楽しいのでしょうね。

保江　新興宗教なんて、だいたいそんなものでしょう。信者になるような人たちは、騙されているいる状態のほうが落ち着くのか、ストレスが減るのか……。
　目を覚まして真実を知ったときに、「騙したままにしてくれていたほうがよかったのに」とよくいいますよね。

山崎　そうすると、新型コロナウイルスはどうなんでしょうか？

保江　あれこそ騙しですよ。

総理大臣が、「コロナは心配なくなりました」と発表すれば、みんな忘れて感染者もいなくなりますよ。なのになぜか、心配する方向に持っていきますよね。

山崎　それは、誰にメリットがあるのでしょうか？

保江　一番はアメリカなどの大手製薬会社でしょう。

山崎　やっぱりそうですか。

保江　本当に、21世紀最大の疑惑かもしれないです、今回のコロナは。

山崎　とても大きな力を感じます。

新型コロナウイルスの裏テーマ

保江　コロナの騒動が起きて急に売れるようになった、カミュの『ペスト』という小説があります。

ヨーロッパでペストが何回か大流行して、今と同じように大変な状況になったことをカミュが小説として著しました。

ちょうどそのときに生きていたイギリスの学者の中に、ニュートンがいました。

彼は「万有引力」や「ニュートンの運動法則」を発見し、「微分積分」を作り、光は粒子だ、あるいは波だなどいろいろと考えて、「屈折の法則」も見つけた偉大な人です。

彼が、これらすべての研究成果を得たのが、ちょうどペストが蔓延していたその18ヶ月の間なのです。

今回の「ステイホーム」のように、ニュートンも家にこもってストレスがものすごくかかっていたときに、それらすべてを閃《ひらめ》いたのです。

だから、その期間は「奇跡の18ヶ月」と呼ばれています。

今回のコロナも18ヶ月くらいで終息したときに、ニュートンのような偉大な学者がすごい発見をいくつもしているかもしれない。

第2の「奇跡の18ヶ月」となる可能性が非常に高いのです。

山崎　それは楽しみですね。もしかしたら、その数少ない偉人をこもらせるためのコロナだったのでしょうか。だとしたら、裏テーマがあったということになりますね。

保江　今回も奇跡が起きてくれたら、意味はあったということですね。

山崎　ＡＩとかロボット開発関係者は、３年スキップしたというい方をします。３年分一気に進んだということです。

Zoomだって、ずいぶん前からある技術なのに、ここにきてやっと活用する人が多くなった。ということは、このコロナ騒ぎで人間が追いついたのです。ストレスが高まって、やっと技術を使いこなせるようになりました。

他にも、すでにある技術なのに、重要と理解されていない、人間の気持ちがそこまでいけていないものがたくさんあるんじゃないでしょうか？

保江　そういう面では、コロナも役に立っています。

山崎　コロナでもなければ、在宅ワークなんてできなかったですよね。仕事は会社でするのが当たり前だったのが、いきなりという感じですね。

保江　逆に、リモートでも仕事ができるという今の状況で、一番困るのは誰かと考えたら、鉄道会社です。特に、東京近郊の鉄道会社は、ものすごく収益が減っているでしょう。

もともと、なぜ東京近郊に、京王や小田急、東急など多くの私鉄があるのかといいますと、戦後、アメリカの進駐軍が占領して、東京の再生についていろんなプランを考えたときに、労働力を東京の中心部に集めるために、まず鉄道を引けということになりました。

それで、当時は闇商売をしていたり、陸軍や海軍に物を納めていたような人たちが呼ばれて、それぞれの担当が決められたのです。

住宅地を開発して労働者を住まわせ、毎日東京の中心地に通って様々な産業に従事させるというプランがあったわけです。

そのときに、それまで旧日本陸軍、海軍関係で儲けていた財閥系が、今度は米軍のいうように動いてさらに儲けることで、今の東京の形ができた。

彼らは、労働者から金を取り、企業から金を取って、戦後の日本からずっと搾取してきた人たちです。
そんな元財閥系が、この度初めて真っ青になっている原因がコロナなのです。このまま未来永劫、左団扇で暮らせると思っていたら、鉄道の経営は危ないことになっています。人が東京近郊に住まずに田舎に行ってしまうのが、彼らにとって一番の危機なわけです。
今回のコロナがなければ、元財閥系や終戦後に闇市で儲けたような連中にそのまま日本は牛耳られ続けていたことでしょう。

山崎　戦後75年ですものね。75年前に仕掛けを作った人たちですね。

保江　ええ。やっとね。その意味では、コロナ様々ですよ。

山崎　僕も、リモートワークはすごく快適だと思うのです。通勤時間をかけなくてよくなり、みんな余暇が楽しめるようになりましたし、電車のラッシュアワーもある程度は緩和されている。
ちょっとは、人間らしくなりましたよね。

保江　今までいろいろなものに騙されてきた我々ですが、コロナのおかげで、ゆとりを持って暮らせるようになり始めました。

脳にもゆとりができて楽になった。すると、騙されにくくなるのです。

「今まで満員電車に毎日乗っていたのは、いったいなんだったんだろう？」と、自分に問いかけるでしょう。

そのことが発端になって、本当のことがもっと見えるようになってくるわけです。

最終的には、宇宙に騙されていたことまで気づけるといいですよね。騙され続けてがんじがらめになっていた人が、どんどん解放されていく。

それと、コロナ関連でもう一ついいたいことがあります。

中世のヨーロッパでペストが流行したときは、医学的にはまだまだ進んでいなかったし、頼れるのは結局、神様でした。

それで、オーストリアのウィーンなどでは、ペストだけでなく、赤痢などが流行するたびに大きな教会を建てました。みんながお金を出し合って、病院ではなく、教会を建てていたのです。

大きな教会を目の前にすると荘厳な気持ちになりますし、これで神様は許してくださると、みんなが信じるわけです。

日本でも、平安時代や奈良時代に、流行り病が蔓延すると大仏を立てました。するとみんなが、「こんなにすごい大仏ができたんだから、仏様の力で流行り病も治まるに違いない」と信じられた。すると、本当に病が消えるのです。

信じる割合があるスレッシホールド（閾値《いきち》）を超えると、おそらくビールの液体側である宇宙が変わる。

物理法則も実は同様で、アインシュタインや他の物理学者が新しい法則に気づくでしょう？そのときにする検証では、なかなかその法則どおりにはいかないのです。ところが、その法則が本当にこの宇宙で成り立っていると理解した物理学者がだんだん増えてくると、ある程度の割合になった途端に、誰が検証してもその法則を裏付ける結果が得られるようになる。これは事実です。

「なんで去年は、これが本当だと気づけなかったのだろう」ということがよくあります。去年までは、まだ数人しか信じていなかったから実験しても毎回うまくはいかなかったけれど、今年は信じている人が半分以上になったから、実験したらそのとおりになる、ということがおうおうにしてあるわけです。

山崎　そういう結果は、勝手に出てしまうということですか？

保江　我々の認識が、結果に反映するのです。

騙されているけれど、そのことを逆手に利用する。それまでは黒だったものが、これは白だと、一定の割合の人が認知したときから白になるのです。

山崎　これからの生き方のヒントになる、とても大事なお話ですね。

保江　ただ、現代人は、大仏や教会で流行り病がなくなるとは信じられないのです。

人々は、マスコミ、総理大臣、都知事がいっていることしか信じられないから、今は悪いほうに悪いほうに行っています。

陰謀論ではありませんが、実際に悪い方向に人々が洗脳されているようなシチュエーションはとても多いのです。

人の脳を騙して操るというのはすごいことですが、逆に、それをも凌駕できる人の思いというものがあり、それはもっとすごいと思います。

今、「思いが世界を変える」というような標語はたくさんありますが、現代人はそれを表面でしか理解していません。

「確かに、みんながそう考えればそうなるよね」という程度の、軽い捉え方なのです。

けれども、そのくらいのレベルでは、何も変わりません。

もう本心から、「それが当たり前」くらいに思えることができれば、状況は瞬く間に変化します。


例えば、七田式の幼稚園で、症状がかなり進んだ乳がんのお母さんを持つ園児に、七田先生が、

「君が小さな小さなアンパンマンになって、お母さんの血液の中に入っていくんだ。そこにいる悪いバイキンマンを叩いて消しちゃおう。そうしたらお母さんは、すごく元気になるよ」

といったそうです。園児は、

「僕、がんばる。ママを救うんだ」といって、その晩、夢の中でずっと、バイキンマンと戦い続けました。大人でも、寝る直前まで考えていたことがそのまま夢に出てくることがありますから、純真な子どもだったらなおさらのこと、想像がそのまま夢の世界に移行するのでしょう。

そして、ついにバイキンマンをやっつけて退散させることができたその子のお母さんは、実際に乳がんから生還したのです。

山崎　人間の思いというのはすごいですね。

宇宙人由来の健康機器とは!?

山崎　ところで、先生の健康維持法は何ですか？

保江　食事のときに、食べたいものを食べたい量だけ食べる。つまり、食べたいというのは体が欲しているということですから。

僕は野菜が嫌いで、ふだんはほぼ食べないのですが、1ヶ月に1回ぐらい無性に食べたくなるときがあります。そのときだけはたくさん食べています。

山崎　僕は、スタッフやグループのメンバーの健康年齢を伸ばすために、半日断食をしてもらっているんです。1日のうち16時間、食べない時間を作るんですね。

例えば、夜8時ぐらいから翌日の昼までなにも食べないでおけば、オートファジー（＊細胞内で古くなったり壊れてしまった悪玉タンパク質をエネルギー源として処理し、新しいタンパク質を作り出すメカニズム）も発動できます。

保江　なるほど。簡単でいいですね。

山崎　何かを食べたりサプリを取るにはお金がかかりますが、食べないとお金が浮きますよね。

保江　一石二鳥ですね。

山崎　それから、少し前に、アンソニー・ロビンズ（＊アメリカの自己啓発書の作家、起業家、講演者）のセミナーをオンラインで受けたんです。

4日間のセミナーの最後の日のテーマは、健康でした。

その日は、アメリカでは有名なゲストスピーカーが何人か話していたのですが、1人、ちょっと地味な感じのおじさんが出てきたんです。アンソニー・ロビンズのセミナーにしてはおとなしい感じだなとちょっとした違和感を持ってすぐにネットで検索しても、あまり引っかかってこないんです。YouTubeでも、4本ぐらいしか上がっていなくて。

「なんだか怪しいな、この人が実は一番すごいんじゃないか」という気がしました。

彼は、地球と同様に人の周りにはトーラス（円環）状の磁場があるが、半径1メートル半とか2メートルぐらいに近づくと、その人の記憶を拾えるというんです。ある人と会うと元気が出るとか、逆にエネルギーを吸われる気がするというのは記憶からくる現象なのかなと思いながら聞いていたのですが、彼が、見た目はストーブみたいな機器を販売していたのです。

美容モードとか、元気になるモードとか、病気を治すモードという切り替えがあって、15分動かす。彼が喋っていたロジックからいくと、おそらく、それでトーラス上のエネルギーを機器に落として、記憶を転写したものが体に有効に働くんじゃないかなと僕は思ったんですが。

保江　面白いですね。それは、宇宙人由来ですよ。

そういう概念は、地球上の科学、医学の世界にはないですからね。

山崎　やっぱりそうですか。

そのセミナーは世界で一斉配信されて、2万人ぐらい受けていたんです。ある友達もオーストラリアで参加していたので、

「どうだった？　俺は4日目のぁのおじさんが、実は一番すごいんじゃないかと思っているんだけど」と聞いてみたら、

「私もそう思った」と。実は、彼女が通っているカイロプラクティックみたいなサロンに、その機器があるというんです。

「通い始めてからシンクロが起きやすくなって、美肌になったから、すごく効いているんじゃないかと思うのよ。拓巳君も買って使ってみてよ」って。

調べると、150万円ぐらいなんです。

「その情報だけじゃ買えないよ」って（笑）。

でも、もう少しリサーチして、本物と思えたら買ってみていろんな実験をしたいとも思います。

若返りやアンチエイジングに効くような、そうした装置が出てきてもおかしくはないですよね。魂を揺らして、なんらか根本的なものを変化させるような。

保江　実験したら、ぜひ僕にもレポートしてくださいね。

山崎　はい、了解です！

脳のファスティング勉強法

山崎　では、先生の勉強法はどのようなですか？

保江　勉強はしない。これをいうと、みんな信じてくれませんけれどね。

スイスで長年、物理の研究をしていた頃からやりません。勉強すると脳が飢えないからです。

山崎さんがおっしゃっていた断食と同様に、知識が入ってくるのをシャットアウトして、脳を飢えさせるわけです。

そうすると、どうしても知りたい、極めたいと思うようになるテーマが現れてくるのです。するると、何も調べなくても勝手に浮かんでくるのです。

だからもしかして、先ほど話題になったアカシックレコードを入手する方法も、なんとかしてそれを見たいなんて思わずに、映画ばっかり観てみるとかね。

さすがに10本も立て続けに映画を見ると、もう人間の作り物はいいや、宇宙が作ったものが欲しい、と自然に思うようになるのです。

山崎　知能のファスティング（断食）みたいなものですね。

保江　僕はそうしてきました。だから周りには、遊んでばかりいると思われていましたよ(笑)。

山崎さんは勉強家なのではないですか？　バシャールにも、ご自身で望んで会いにいかれたのですよね？

山崎　はい。昨年、２０２０年2月でしたが、アメリカはコロナ騒ぎがまだまだ小さかったので入れました。

僕が初めてバシャールの本を読むことになったのは、25歳のときでした。ちょうどその頃、一緒に仕事をしていた仲間から、干されていたのです。

サーッと周りから人がいなくなって孤立していたのですが、「まあ、それもいいか」と思いました。

20歳の頃から5年間、期待に応えようとしゃにむに頑張ってきたので、ここらでもう一度、人生を一から始めようという気持ちになっていたときに、誰かがバシャール本のコピーを送ってきたのです。

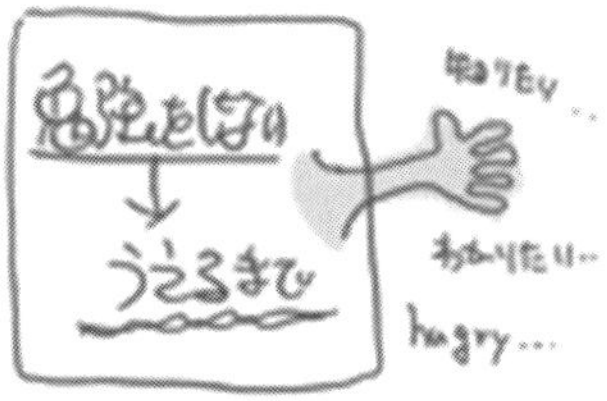

保江　コピーですか？

山崎　はい。最初、何かの勧誘だと思って、送り主の名前を見てしまうとその人のことを恨んでしまうのがいやで、名前も見ずに捨てたのです。

しばらく経ってから、「この本、知ってる？」と、ある友人からいただいたのがバシャールの本でした。

それで、「宇宙人を信じてるとか、バカみたいじゃない？」とかいいながら読み出したら、「これ、あのコピーの元の本だ」と気づいたのです。

読み始めたらもう、はまってしまいました。

バシャールが勧めるのは、「評価や自分のルールにこだわらずに、ちゃんとワクワクすることを選択しよう」ということですよね。

「これを教えようとして、コピーを送ってくれた人がいたんだ」とわかり、お礼のいえないもどかしさを感じたのを覚えています。

このやり方でいいのだったら、もう一回仕事をやってみようかなと実践し始めたら、完璧に折れていた心が復活しました。

要は、ワクワクすること以外はしないと決めてから仕事をしたら、1年半ぐらいで4倍ぐらいの年収になったのです。

「これは、魔法みたいだなぁ」と思い、「じゃあ、これまでに足を踏み入れたことがないような世界で、これが通用するかどうかを試してみよう」と思いついて、作家になると決めました。

それで、「作家といえば、ホテルで缶詰だ」と、素敵なホテルに宿泊して執筆を始めました(笑)。

保江　形から入ったわけですね。

山崎　作家になりたいという意識だと、今は作家ではないという現実を引き寄せるじゃないですか。

だから、すでにもう作家なのだと、作家である現実を引き寄せるというロジックで、ホテルにこもって書いていたわけです。

そうしたらその2週間後、ある出版社の社長さんと出会いました。

「僕も、本を出したいんですよ」というと、

「そういう人は多いけれども、実際はお書きになってらっしゃらないでしょう?」とおっしゃるので、

「いえ、本当に書いているんですよ」といって見せたのが、初出版になった原稿でした。

バシャールとの対談本、『この瞬間より大事なものなんてない　今ここが人生の目的地なんだ』（VOICE）は、ちょうど50冊目の著書になります。

1冊目がバシャールによって書けた本で、50冊目がリアルにバシャールとつながった本です。

この本が出せたのも、本当にラッキーでした。バシャールの本を書きたいとVOICEの社長さんに前々から打診してはいたのですが、「今、順番待ちだね」といわれていました。

それが、たまたま講演でお会いしたときに、

「拓巳さん、まだバシャール書きたい？」と聞かれて、「じゃあ来年に」という話になったわけです。

バシャールには、4つのフォーミュラーがあるのです。

1、ワクワクする目標、ワクワクする夢。

2、才能を爆発させろ。全身全霊。

3、結果に執着しない。

4、常にポジティブ。

4つもあると、ゴルフでいう「頭動くな、壁作れ」みたいでよくわからないなと思っていたけれど、ワクワクするものというのはすごく響いていました。

そしてわかったのが、この「ワクワクするけど結果に執着しない。そして爆発させる」というのが、忘我没頭の真骨頂だということ。

忘我没頭ってゾーンに入ることじゃないですか。執着すると、ゾーンは消えてしまう……。だから、ゾーンは再現が難しいのです。ゾーンにまた入りたいと思うと、そこに執着が生まれているので入れない。

4が「常にポジティブ」となっていますが、「常にポジティブ、常にポジティブ～」と思う時点で、ネガティブになっているんですよね。だから僕は、「エンジョイ　マイライフ」と置き換えました。

僕のモットーは、「忘我没頭、エンジョイ　マイライフ」です。

先日、ある小冊子を見せてもらう機会があったのですが、その中でピンときたのが、「丁寧にやるというのは時間をかけることではなくて、そのことを楽しんでいることである」という部分でした。

「なんて素晴らしい言葉だろう」と思ったのです。

楽しむ、それ自体が忘我没頭なんです。楽しいというゾーンに入り込んでいるその瞬間って、執着がないじゃないですか。

僕は、「やっとバシャールが解けたな。いっている意味がついにわかったな」と思いました。

ワクワクしようとすると、ワクワクに対して執着が生まれるのですよね。

だけど、はまり込むという感覚だと置き換えれば、誰もが経験したことがあるのでそこに行けるのです。

すべては思いどおりの夢中人の勧め

保江　確かにそのとおりだ。矢作直樹先生がよくいう「中今」でもありますね。

中今という概念には、いろんな解説があります。

「中今は、今この瞬間に生きるということ」という説。

仏教学者の中村元《はじめ》先生は、「神道の概念の中今は、仏教でいう一瞬一瞬を表す刹那だとよくある説ではいっている。しかしそうではなく、むしろお釈迦様の悟りの境地である涅槃《ねはん》のほうが近いであろう」と説明されています。

ところが、面白い説を説いていたのが、明治、大正時代に活躍した、精神世界の原点になるような本をたくさん書かれた、川面凡児《かわつらぼんじ》という思想家です。

彼が解説した中今というのは、

「古代の日本、飛鳥時代、天平時代の日本語には、『い』という発音と『ま』という発音はなかった。『い』の代わりに『ゆ』を使い、『ま』の代わりに『め』を使っていた。だから、中今は実は『なかゆめ』である」と。

夢の中。夢中。

先ほどおっしゃった忘我没頭は夢中になること。夢中になっているのが、中今なのです。

逆に、聖徳太子が作った六角堂は夢殿という名前ですが、「ゆめ」は「いま」だから、今殿、つまり中今になるための装置だったわけです。

皇太子殿下が夢殿に入られる儀式がありますが、夢殿の中で夢中になって中今になられる、そうして、天皇陛下となれるのです。皇太子殿下に天皇になっていただくための装置なのですね。

夢殿は、中に入ると小さな六角形のお堂になっており、何もありません。

それが、夜中の丑三つ時になると、中心部に紐が何本か垂れてくるそうです。紐を手探りで引っ張ると、それぞれ鈴が鳴ったり鐘が鳴ったり、いろんな音がします。

それらの音が和音を奏で、響きを楽しむことで中今、夢中になれるわけです。

僕は自分では音楽を演奏しませんが、音楽家にはきっとわかるでしょう。

天皇の祈りは、夢殿で音を奏でて中今、夢中になり、様々なことを決めるというものです。

かつての聖徳太子がそのような仕組みを作ったのですが、聖徳太子が書き残したものが、皇室に伝承されていたそうです。

それを、戦後にやってきたマッカーサーが、全部アメリカに持っていったのです。

アメリカでは、原爆開発のための計算機を開発したIBMに依頼して、世界中の優秀な数学者と物理学者を集めて研究させました。

その助手の1人が、成功哲学の第一人者、ナポレオン・ヒルでした。

彼はその研究の手伝いをしているときに、聖徳太子が書いた思考を実現する方法を理解して、それで『思考は現実化する』という本を出したわけです。

その本は全世界で1億部以上売れたともいわれていますが、ナポレオン・ヒルは、実はプロジェクトの助手でも一番下の立場だった人で、研究の一部を利用しただけなのです。

山崎　そうだったのですか。夢中というのは、大事な何かがありそうですね。

保江　夢中こそ大切なのです。

山崎　いいですね。夢中になれる力を持っている人は、シンクロニシティーを起こしていきますよね。

保江　そう、そのとおり。

山崎　バシャールが、シンクロニシティーで生きていくことをシンクロニズムといっていました。夢中とシンクロニズムはシンクロしていますね。

保江　だから、夢殿のような、夢中になれる空間を作ることです。
夢中空間にいさえすれば、何でもできるわけですよ。すべては思いどおりなのです。

山崎　我を忘れたときのみ、本当の喜びを堪能できますし、成長しますよね。

保江　まさにそうです。バシャールも、夢殿を作った聖徳太子も、きっとわかっていたはずですよ。夢中がいいのです。

山崎　とてもいいですね、人生中夢。人生中今。無我夢中。保江先生も、夢中になることで新しい理論を思いつかれたのですものね。

保江　はい。山崎さんも、「忘我没頭」をモットーにされて、夢中になっていますよね。さしずめ僕らは、「夢中人」ですね。

山崎　「夢中人」！　そのとおりですね。今日は、夢中人対談だったのですね（笑）！

保江　はい（笑）。

夢中空間
夢中人

Part 2

私たちの人生は決まっているのか？

【対談第2回目】

「そろそろ開かれませんか？」

保江　先日、名古屋に行ったのですが、そこで、子どもの頃の山崎さんが、中国人に手の組み方と呪文を教えてもらったという出来事に関連するような話を聞きました。

山崎　ええ？　どんな話なのですか？

保江　名古屋に行ったのは、ある出版社から頼まれて、外科医の取材に行ったのです。

山崎　ふだんは取材をされる側の保江先生が、ご自身で取材をなさったと？

保江　はい。その医師は、がんを専門にしていらっしゃいます。

ある日、新しい超音波診断装置のテストのために、まずは自分の首に当ててみたら、甲状腺がんがあるという結果になりました。

しかも、その場にいた他の医師に、

「これはかなり進行している」といわれて、頭が真っ白になってしまったそうです。

数日後に手術を受けましたが、甲状腺だけではなく、32ヶ所くらいのリンパ節に転移していたので、それらもすべて取りました。

もう声が出せなくなるかもしれないといわれていましたが、幸いそれは免れて、無事に命もとり止めましたが、人生観がガラリと変わってしまったのです。

それまでは患者さんのがんを切ってばかりいたけれど、自分ががんになってみて、「がんは、切ればよいというものではない」と考えるようになったのです。

それで日本全国の、主に手術をしないでがんを治した医師、整体師、呪術師、お坊さん、がんサバイバーなどを訪ね歩いて、自分でも全部試してみました。

抗がん剤も、様々な外科的治療も受け入れた一方で、ホノルルマラソンに行ったことでがんが治ったという人の話を聞いて、ご自身もホノルルマラソンに行かれました。

受け持っていたがん患者さんも何人か同行して一緒に走ったら、なんと、1人の患者さんのがんが、消えてなくなったそうです。

山崎　マラソンに夢中になって、がんを忘れることができたからですかね？

保江　僕もそうだと思います。

それから岐阜に、お医者さんが開いているがん患者専用の宿泊所があり、泊まればがんが治るという話を聞いて、そこにも行ったそうです。

山崎　がんの治療をしてくれる宿泊所なのですか？

保江　治療はせず、泊まるだけでいいそうです。ただ条件があり、携帯電話は禁止で入所時に取り上げられます。テレビもありません。

それで、暇つぶしには本を読んだり、散歩をしたり、とにかくゆっくり過ごします。三食は提供されますが、その宿泊所のある山上付近でとれる山菜など、ごく素朴な食べ物です。

がんが治ったエピソードも多いようで、どうやら、その土地がすごく良いということでした。

そんな彼の目から見て、お勧めできるがんの治し方を本にしようという企画で、僕が聞き役として派遣されたわけです。この本は海鳴社から、『がん治療医ががんになって初めて知ったもう一つの医療』（小林正学《まさのり》・保江邦夫共著）として出版されます。

元がん患者だったという女性も同席していました。一切の西洋医学治療を拒否してもがんを治せたということで、お元気なご様子でした。

そして休憩時間に、その方が僕にいうのです。

「そろそろ開かれませんか？」と。

「え、何の話ですか？」とたずねると、少し考え込んでから、語り始めました。

彼女は、3年くらい前にその医師にかかっていました。彼はまだ、とにかくがんは切除するという考えだったので、彼女にも「切除しましょう」といいました。

女性が拒否したので、医師は、横浜で開業されている切除をしない方針の先生を紹介し、そこで治療というほどの治療もせずに、治すことができたそうです。

そして、少し前に偶然、街中で医師と出会って、喫茶店でコーヒーを飲みながら、

「実は自分も、半年前に甲状腺がんになって、助かったけれどもその後、いろいろな勉強をさせてもらい、人によっては切らないほうがいいということもわかりました」と聞きました。

雑談しているうちに、医師から、

「お勧めのがん治療法を紹介する本を出すことになり、今度、その取材を受けるんです」といわれたので、

「どんな方が取材に来られるのですか？」と聞くと、

「保江邦夫さんという物理学者です」との答え。

すると、女性の口から、

「その保江邦夫さんは、開く時期なんでしょうね」という言葉が出たのだそうです。

彼女は僕の名前を初めて聞いたし、もちろん、本を読んだこともありません。

でもなぜか、そんな言葉を口にした。

また、医師もなぜか、

「そうかもしれませんね」と答えたというのです。

それで、僕にその話をするために、女性も同席することになったと。


僕に直接会ったら確信できるものがあって、

「そろそろ開かれませんか?」と問いかけたのです。

何のことかと首をかしげる僕に、意味深に医師と顔を見合わせてから、

「この際だからお教えします」と話し出しました。

「○○という秘儀を知っていますか?」

秘儀なだけに、名称をいうとなんらかの支障が出るとまずいので、ある秘儀と呼ぶことにします。

「知らないですね。なにか宗教ですか？」と問うと、
「宗教ではありません。１回だけ、小一時間、そこにいるだけでいいのです」とおっしゃる。
「そうすると、どうなるんですか？」
「その方の、第三の目を開いて差し上げるのです」

山崎　第三の目って、眉間《みけん》のあたりにあるとか、松果体のことを指すとかいわれているものですね。

保江　はい。開けば、神通力が使えるようになるとかね。

つまり、神様のお力を得て、普通は使えないような力が使えるようになる。そのための、一つの儀式なわけです。

僕には、これまでにもよく宗教のお誘いがきていますが、いつもお断りしています。

でも、１回、１時間のみで、ただそこにいれば第三の目が開けるというので、試してみてもいいかもという気になってきました。

発祥についてたずねると、中国の方が台湾を拠点に始めたとのことです。

ここで、ピンときました。

「山崎さんが、小学生の頃に中国人が志摩に来て、儀式を受けたといっていたな……。きっとこれに違いない！」と。

そう思った途端、とても興味が湧いて、

「本当に1回だけで、宗教じゃないんですね？」と身を乗り出して確認すると、

「もちろんです」との答え。

女性が、こんなエピソードを話してくれました。街で小学校低学年の女の子とすれ違ったときに、なぜかふと、

「あ、あの子はそろそろ開く時期だ」と思えたそうです。

でも、突然その子や、一緒にいるお母さんに向かってそんなことをいっても不審者扱いされるだけだと思って、後ろ髪を引かれる思いでそのまま自宅に帰りました。

女性は家でピアノを教えているのですが、1時間ほど経って、初めてのレッスンを受けにきた親子がいました。

それがなんと、先ほどの女の子とお母さんだったというのです。

レッスンが終了してから、

「実は、先ほどすれ違ったときにお嬢さんは開く時期だと思えて……」とお話をすると、お母さんがぜひ受けさせてやってほしいとおっしゃったのでその子も受けて、とても良い方向に進んでいったといいます。

また、医師もそれを受けたことがあり、その後、がん専門医として開眼し、奥さんにも受けさせそうです。

そして、僕に同行していた男性編集者も、

「実は、自分も受けたんです。そのおかげで、編集者としての仕事がものすごく豊富になったんです」と続けました。

その上、興味があるからとたまたまついてきていた横浜の中医学専門学校の校長先生が、

「私も、10数年前に受けたと思います。友達に誘われて受けたけれど、それっきり忘れていた」

といい出しました。

「そういえば、それを受けてから保江先生に出会って、講演会を企画することになったんだわ。確かに、人生がいい方向に向かったと思う」

なんと、そこにいた僕以外の４人全員が体験していたのです。

勝海舟や坂本龍馬も、ある秘儀を受けていた！

保江　ここから編集者の、ある秘儀についての解説が始まりました。

幕末、明治維新の頃から、ある秘儀を受けた人たちが日本を引っ張ってきた。例えば勝海舟、坂本龍馬など。

その後、歴代総理大臣の多くや松本清張なども受けている。

僕の師である、ノーベル物理学賞を取った湯川秀樹先生、湯川先生の友人であり天才数学者の岡潔《おかきよし》先生もだそうです。この２人の先生は、浄土宗光明《こうみょう》派でした。

浄土宗の僧で哲学者だった山本空外和尚は、ある秘儀を受けたことで浄土宗の中の光明派に入りました。光明派の人は全員が受けていたようです。

元を辿ると、それは中近東のゾロアスター教からきているといいます。

だから松本清張は、ゾロアスター教をテーマにした小説を書いたわけですね。

さらに、そのゾロアスター教の元は、ローマ帝国で盛んに信仰されていたミトラ信仰でした。

キリスト教が始まる前のローマ帝国の宗教は、ミトラ信仰だったのです。

ミトラは英語ではマイトレーヤ。マイトーヤは、仏教では弥勒菩薩ですね。

そして、第三の目を開いてもらってから私利私欲に走り、金儲けに余念がないのがフリーメーソンやイルミナティ。

片や、世のため人のためにというのが光明派。光明派の流れを受けて、物理学者にも数学者にも、それを受けた人が非常に多いのだそうです。

だから、今の世の中は、この第三の目を開けてもらった光側の人たちと、闇側の人たちのせめぎ合いでできているのです。

編集者は、深いところまで調べ上げたところで背筋に冷たいものを感じ、本にするのをやめたそうです。

そんな話を聞けば聞くほど、山崎さんが子どもの頃に受けた儀式も、絶対にこれだと思えました。

山崎　先生はそれを受けられたのですか？

保江　いいえ、まだです。でも、ここまできたら受けざるをえないでしょう。

山崎　それ、僕も、去年の暮れに受けました。

保江　ええ？　ほんとに？　その内容は、子どものときと同じでしたか？

山崎　ほぼ一緒でした。弥勒信仰です。

北海道の知人が、「拓巳さんのいっているのはこれだと思います」と誘ってくれて、わざわざ上京して連れていってくださいました。

北海道から東京まで、旅費が高いし申し訳ないなと思ったのですが、「それは私の徳積みになるので、ありがたいことなんです」とおっしゃって。

保江　すごい。そのコインシデンス（同時発生）が本当にすごい。

山崎　いや〜、そんなにすごいことだったんですね。

保江　そのときは、ミトラ信仰の話は出ましたか？

山崎　いいえ、まったくなかったです。そんなに歴史のあるものだったとは……。

保江　ローマ帝国からですからね。

今は、クリスマスは12月25日になっていますが、実は、キリストの誕生日が今の暦で何日かは不明なのです。

キリスト教がローマ帝国の国教として認められた頃に、ローマのキリスト教皇会で決めた誕生日がこの日なのですね。

当時のローマ帝国はミトラ信仰だから、ミトラ教の聖なる日にすればミトラ教の人たちもキリスト教になじむだろうと考えた。

12月25日は、ちょうど冬至を過ぎてから日が長くなり、生命の息吹がだんだんと盛んになり始めるという頃合いで、ミトラ教ではもともといい日だったのです。

山崎　ミトラ教は、どんな宗教だったのですか？

保江　昼は太陽神アポロンを拝み、夜は一番明るく輝く星、シリウスを信仰していました。

明け方の太陽が昇ってくる直前に、シリウスが東の空に輝く時期が春なのです。

太陽神アポロンとシリウス神の両方が東の空に顔を揃えると、さあ、これからの１年間が始まるという、そういう自然崇拝の信仰です。

山崎　自然崇拝なんですね。

保江　それから、少し前にある人から突然、

「令和3年、マイトレーヤが日本から出る」といわれました。

それが、東京だという人もいます。

山崎　マイトレーヤが出るというのはどういうことですか？

保江　要するに、マイトレーヤの生まれ変わりが、日本国内か東京で出現するということではないでしょうか。

マイトレーヤは東洋の仏教観では弥勒菩薩ということになっていますが、ゾロアスター教では火の神で、ミトラ信仰では太陽神です。

それが今年、日本に姿を現すという預言があるというのです。

山崎さんも、僕に会う直前にある秘儀を受けたというシンクロニズムがあり、今年、何かが

起きそうですね。

山崎　しかし、そのがん専門のお医者さんも面白い方ですね。

保江　小林正学先生といいます。

結局、がんが治る人と治らない人の違いは、冷静に頭で考えて納得しようとするのではなく、頭が働く前に直感的に飛びつけるものが見つかるかどうかだそうです。

新宿のキャバクラに通って治したという中年男性もいます。

末期がんが見つかったときに、奥さんから、がんがうつるといやだから離婚してくれといわれ、半ばやけっぱちになってキャバクラにはまるようになったのですね。

山崎　がんがうつるなんていうことがあるのでしょうか？

保江　通常ありえませんが、その奥さんがそう思い込んでしまっているのなら、がんを発症することもあるのかもしれません。

そして、キャバクラにはまった男性のがん組織は消えたわけですよ。

山崎　楽しくて楽しくて、アドレナリンが爆誕してがんを消滅させたとか……。

保江　もう毎日、そこに行くのが楽しくてしかたがない、という感覚がストレスを軽減させて、免疫も上がったのでしょうね。

お付き合いで仕方なく、程度じゃダメらしいです。

山崎　それ、すごい話ですね。

保江　あと、バンジージャンプ。

医師にあと半年と宣言されて、それまで興味があっても怖くてやったことがなかったバンジージャンプを、どうせ半年後に死ぬのならと思って試してみたら、すごく面白かったと。

何回も楽しんでいたら、がん組織がなくなった、という。

他にも、すごく信頼できる医師に、

「この抗がん剤で必ず治ります」といってもらえたら、その薬で本当に治るそうです。

山崎　プラセボ効果ですね。

保江　けれども、同じ医師が同じ抗がん剤を打っても、患者が、「ヤブ医者がいいかげんなことをいっているな」と思っているようではまったく効果が出ません。

山崎　患者が入れ込むことが大事なんですね。

保江　病院を転々としたり、いろんな療法を試しても、どれも腑に落ちないというようではダメです。

でも、山崎さんのことを心から信頼している人に、山崎さんが、「このドリンクを飲んだら、がんなんか吹っ飛ぶよ」といえば、単なる栄養ドリンクであっても治るわけですよ。

山崎　がん自体が、ものすごく心と密接だということですよね。溢れるぐらいハッピーになれたらいいということですね。

保江　奥さんに離婚された人は、まずがんで余命半年と宣告されて奈落の底に落とされ、しかも奥さんに逃げられたでしょう。

そこからキャバクラに行って、ワーッと、天国にいるようにハッピーになったわけです。

この高低差がすごくて、がんもいたたまれなくなったのではないでしょうか。

山崎　ハッピーメモリがレッドゾーンまで振り切れたんですね。

ウイルスから体を守ることもできる催眠療法

保江　今度、萩原優《まさる》先生という催眠療法を手がけていらっしゃる医師との対談本を出します（既刊『ここまでわかった催眠の世界　裸の王様が教えるゾーンの入り方』明窓出版）。

小林先生がたくさんの病院や治療院を訪ね歩いた中で、最も信頼ができると思った医師のお一人で、聖マリアンナ医科大学の外科部長をなさっていた方です。

アメリカに、催眠による前世療法を施している有名な医師がいて、萩原先生はわざわざ留学して催眠を学ばれました。

帰国後、がん治療では切るのを止めて、催眠療法で治すことにしたのです。
また、がんを治すだけではなく、新型コロナウイルスにかからないように、また、かかっても症状が重篤化しないようにするための催眠誘導を吹き込んだCD付きの本を出したのです（『ウイルスから体を守る！　聴くだけで免疫力が上がるCDブック』BABジャパン）。

山崎　CDを聞いたらコロナにかからなくなるんですか？

保江　はい。「あなたは、ウイルス、感染症から守られています」と催眠にかけるわけですよ。

山崎　実際、がんが治っていらっしゃる方も、大勢いるということですね。

保江　そうです。主にがんに対する催眠療法をなさっていたのですが、新型コロナウイルスでピリピリしているこの世の中を、一刻も早く変えなくてはと思われたそうです。
そうはいっても、催眠療法を一人ひとり、個別にやっていたらとても間に合わないでしょう。
だから、ステイホームしている人にCDを聴いてもらえれば、催眠にかかって感染しなくなるというわけです。

山崎　保江先生と以前お会いしたときに、催眠術師のBirdieさんのことをお聞きして以来、催眠術がすごく気になっています。
催眠って、すごく面白いですよね。

保江　Birdieさんとの対談本（『マジカルヒプノティスト　スプーンはなぜ曲がるのか？』明窓出版）を、先日出版しました。

山崎　催眠術の本ですか？

保江　はい。彼はスプーン曲げ師でもあり、ものすごく分厚いスプーンも曲げてしまう人です。
昔、超能力者のユリ・ゲラーが日本に来て、テレビでスプーン曲げをやっていましたね。
そのとき彼は小学校低学年で、テレビのユリ・ゲラーと一緒にスプーン曲げを試してみたら、実際に曲がったそうです。
それで、自分もスプーン曲げができるようになろうと思って電話帳で超能力が学べるような学校を探したのですが、まったく見当たりませんでした。

唯一、超能力に近かったのが京都にあった催眠術の学校で、そこに通うことにしたのです。すると、やはり天賦《てんぶ》の才があった彼は、すぐに催眠術が上手になったというわけです。

神戸に彼のお店（「マジックカフェ Birdie」）があって、僕もよく飲みに行くのですが、最初の頃はスプーン曲げやマジックそっちのけにして、催眠術でどうやって女の子を口説けるかばかりを聞いていました。

山崎　それは、ぜひ知りたいですね（笑）！　教えてください。

保江　まず、「これから催眠術をかける」といってはいけません。相手がかまえてしまうことで、心にバリアーが張られてしまうからです。

そして、相手がどんなことに興味を持つ人なのかということを、軽いお話をしながら探っておきます。

例えば、可愛いもの好きな人なら、お店にあるぬいぐるみを渡して、「可愛いぬいぐるみですよね。あなたはこのぬいぐるみが大好きになりますよ」といって、抱っこさせて可愛がってもらう。

その次に、今度は他のお客さんの女の子を、「この子を好きになりますよ」というと、自然な感じでその子を好きになってしまいます。

そうして低いハードルから始めてちょっとずつ高さを上げていき、「今度は僕の手を好きになってみてください」と、自分に気を向かせる。

それから、「僕のことを好きになってください」というところまで持っていくのですが、このときも、

「お店を出るまでの間だけですよ」と安心させます。でも、いったん好きになったら、お店を出ても急に嫌いにはならない。好きな気持ちが持続するということです。

対談本の中ではもっと詳しい解説がありますが、催眠をかけられているとは思わせないような、こうした流れが大事なのです。


Birdieさんはほとんど極められていますから、言葉さえいらなくなっています。

お客さんには、お店に入った途端に催眠をかけているそうです。

カードマジックに、お客さんに背を向けている間に好きなカードを選んでもらって、それを当てるというものがありますよね。

Birdieさんの場合、例えば、弟子がそのカードを見ていてサインを送るとか、仕込んである鏡に映っているのを見るとか、そんなトリックは使っていません。

では、どのように当てるかというと、入店した時点でそのカードを選ぶようにお客さんに催眠術をかけているのです。

山崎　何もいわずに催眠をかけることができるということですか？

保江　そうです。

山崎　要は、深層意識につないで、情報を相手の中に入れているということですよね。

保江　松果体同士をつないでいるという可能性もありますね。松果体というのは、人間の魂が宿るところとされていますから。

僕も以前、テレパシーのような感じでBirdieさんに一瞬で頭の中を読み取られたときに、感情やらなにやら、すべてをごそっと見られた気がするのですね。

山崎　見えちゃうわけですね。他人のことがすべてわかるなんて、ちょっと怖いような話です。

私たちの人生は決まっているのか？

山崎　昨日、友達から、「水晶玉子《すいしょうたまこ》さんって知っていますか？」と聞かれて、僕は知らなかったのですが、占い師として活躍されている方みたいですね。

友達が彼女に見てもらって、「こんなことがありましたね。こんなことも……」と、誰も知らないはずのことをズバズバいい当てられたそうです。

お母さんが亡くなったときにあったことや、家族でも知らない本当にプライベートなことまでが図星だったという。

なぜわかるのかを聞いたら、

「人生は決まっているんです」とお答えになったそうです。

みんなあらかじめ決まっていて、それなりに幸せなのですって。

人の価値観に差異はあるけれども、幸せかどうかというのはまた別の物差しですよね。

決まったとおりに進めば、ある程度幸せなのだけれども、それから逸れてしまうケースも多いといいます。

例えば、感情をコントロールできなくなって通常はいわないようなことを言葉にしてしまったり、行くはずのないところに行ってしまったり。

本来的には絶対にしないようなことを選択することがあるものです。コントロールされるべき感情がそのバランスを崩してブレたときに、もともとの幸せからずれていくので、「結局、感情のコントロールがポイントだね」という話を友達としました。

おそらく、事故に遭ったり病気になったりするのは、ちょっとストップをかけて自分を省《かえり》みるための時間が与えられているのだと思います。

事故や病気というシグナルが出ているのに省みないでいると、「あれ？　何のために生きているんだっけ？」と、またもとのところに戻ってしまうのではないでしょうか。

先生は、人生は決まっているということに関してはどう思われますか？

そこに、自由意思はあるのでしょうか？

保江　非常に深い問題ですね。

僕は今から17年前、大腸がんの手術中に2分30秒の間死んで、なんとか蘇生させてもらったのです。

その間に地獄のような光景を見て、必死でマリア様に祈っていると、白い鳩が出てきました。新約聖書では、イエスが洗礼を受けた瞬間、天が裂けて光が満ちあふれ、聖霊が白鳩となって天から急降下してくるという場面があります。

そして、「これはわたしの愛する子。わたしの心に適う者」という神の声が聞こえてきたと。だから、この白い鳩は僕が救われたことの象徴だったと思っています。

その後、奇跡の場所といわれるルルドやファティマに行って、マリア様の様々なご加護を得ました。

それからというもの、僕にスピリチュアルな話が降って湧くようになったのです。

大腸がんで死にかけてから7年後ぐらいに、突然、宮崎から1人の中年女性が訪ねてこられました。

そのとき、僕はまだ岡山のカトリック系女子大学で教えていたのですが、彼女は僕に伝言を届けるために、旦那さんの運転でわざわざ岡山までやってきたのです。

研究室に入ってもらって話を聞くと、もともとは普通の主婦なのに、いつの間にかチャネリングができるようになって、いろいろな声が聞こえてくるというのです。

つい最近は、マリア様からのチャネリングがあったと。

ご自身はキリスト教に興味がないということで少し迷惑そうでしたが、「マリア様が『保江邦夫に伝言してください』とおっしゃったので……」ということでした。

そのときは、保江邦夫という人物がいったい何をしている人か、どこに行けば会えるのか見当もつかなかったのですが、スピに詳しい妹さんに聞いたら、

「本をたくさん出している保江邦夫という人がいるわよ。そんな話なら、きっとこの人だわ」

と、僕が岡山で大学教授をしているという情報も得られ、宮崎から岡山まで伝えにきてくれたのです。

その内容というのが、本当は大腸がんの手術のときに死ぬというのが僕の運命だったと。

でも、死んで地獄に行ったとき、僕はマリア様に助けてくれと必死に祈りました。

それを見て、マリア様はあることを思ったそうです。


実は、キリストはマリア様の実の子じゃないそうです。双子で生まれた片われのイスキリもキリストも、本当はどこかから拾ってきた子ども。

三男のヤコブだけが実の子だそうです。

イスキリはキリストの身代わりになって磔《はりつけ》にされ、キリストは逃げてしまいました。

三男のヤコブも、ローマ帝国の役人のキリストに対する怒りから磔にされて死んでしまいま

した。

マリア様は、それが一番悲しいのだそうです。まだ若く、将来が楽しみだったのに、磔になって苦しみながら死んでしまった。

マリア様が、磔から下ろされたキリストを抱いている絵画があるでしょう。キリストとされているあの男性は、実は三男ヤコブだそうです。

彼のことを今でも不憫に思っているマリア様が、僕が死にかけているところを見て、だったらいいかと思って52歳の僕の体に若くして死んだヤコブの魂を入れた、と。

それが、マリア様からの伝言だったのです。


今さらそんなことをいわれてもと思いましたが、その女性は、とにかくマリア様の伝言は伝えたからと帰ろうとしました。

「ちょっと待ってください。自分はまだ、保江邦夫としての記憶があります」というと、

「それもマリア様にいわれています」と答えます。

「保江邦夫としての記憶は脳が持っていますが、あなたの脳を動かしているのは、もはや保江邦夫の魂ではなくヤコブの魂。そのヤコブの魂で動く脳にあるいろんな記憶の中に、保江邦夫の過去の情報があるのです。

ヤコブの記憶はないけれども、あなたの行動はヤコブの魂が操っているから、あなたの本質はヤコブになっています」

それで、かなりのことに合点《がてん》がいきました。

というのは、大腸がんの手術で死にかけてからの僕は、特に性質がガラリと変わったからです。

昔の知り合いがみんな驚くほどでしたが、中でも最も驚いていたのは、学会でしょっちゅう論戦を繰り広げていた仲間です。

「保江はいったいどうしたんだ？　まるで牙が抜かれているじゃないか」と。

以前なら、どんなに偉いノーベル賞級の学者が相手でも、

「その論は間違っている。お前は何もわかっていない」とズケズケいっていました。

下には優しいが上に厳しく、きっちりと白黒つける。喧嘩っぱやい。

関西弁でいえば、ものすごくイラチ（せっかち）でした。

それが、1日でも2日でも待てるようになり、イライラしない、人のことは絶対に悪くいいません。

間違ったことをいっていても別にいいじゃないという感じ。本当に穏やかになりました。

山崎　1回亡くなりかけたとか臨死体験をした人って、そこからがらっと人生が変わるといいますものね。
それって、もしかして何かをスイッチしているのでしょうか。

保江　そういう場合もあるかもしれませんね。

山崎　脳は一緒だから記憶は継続しているけれども、エンジンがすげ替えられているような。

保江　そういうことです。

それまではエンジンが1200ccだったところ、急に3000ccのエンジンがついてがむしゃらに動き出したみたいに変化するわけです。

僕の場合は、記憶はそのままでも魂が変わったから、使命も変わったしね。

食べ物の嗜好も変わり、それまではそうでもなかったのに、肉がとても好きになりました。

それから、女性には特に軽蔑されるのですが、女性の足の写真を撮るのが趣味になりました。

それまでは女性の足に興味なんかなかったのに、手術後から、なぜかやたらに目がいくのです。街中でもきれいな足を見ると、ご本人に承諾を得て写真を撮らせてもらうのですが、ずいぶん揃ったので個人的に写真集を作ったり、展示会を開いたりしています。

以前の僕だったら、本当にありえないです。

山崎　足フェチですか（笑）。それは、ヤコブの性癖でしょうか？

保江　ヤコブの魂の話を聞いて、僕はそう納得しました。

それから、日本の民法の一夫一婦制、これがものすごく無駄で無意味なものに思えるようになったのです。

山崎　もともと、白人から押し付けられた制度ですよね。

保江　おそらくローマ時代は、女性は物扱いでした。売り買いされる対象でもあったわけです。

だから、持てる人は何人もの女性を所有していました。

ヤコブの魂はまだその時代の価値観を持っているので、決して女性を軽んじたり物のように見ているわけではありませんが、相手を1人に限定するのは意味がないなと思うのです。女性や子どもを大勢養う甲斐性がある人は、どんどん家族を増やせばいい。

山崎　もともと、人間以外の生物はみな、一夫一婦ではないですものね。

保江　そうそう。一夫一婦制は、自然に即していないのですね。

『テルマエ・ロマエ』という日本映画があります。古代ローマに生きる主人公が、今の日本にタイムワープして、温泉や銭湯に入るという物語です。そして、自国と日本の文化のあまりの違いにいちいちびっくりするという。ヤコブとしての今の僕の感覚は、あの彼のようなものです。

山崎　確かに、あの時代の話には、あまり女性は出てこないですね。男性がメインになっています。

保江　ただし、ヤコブの僕は、とにかく女性の味方です。女性にもっともっと活躍してもらおうという方向で動いています。

だからヤコブは、本当はあの時代に、女性解放者になる予定があったのではないでしょうか。

山崎　なるほど……。

保江　それで、ご質問の「人間の人生は決まっているのか」について、僕の場合、決まっていたのだと思うのです。僕は、本当は52歳で死んだわけですよ。

それが、保江邦夫としての人生の終焉だったのです。

地獄でマリア様にお願いして、蘇《よみがえ》ることができたと思っていたけれど、やはり、保江邦夫としては終わっていたのです。

その頃から僕は、家族といるのが苦痛になりました。

それで、エアストリームというキャンピングカーを買って庭に置き、僕だけで暮らし始めたのです。顔を合わせるのは食事のときくらいでした。

別に嫌いになったわけではないのですが、なぜか僕とは関係ないという気持ちになっていたからです。一緒にいても、意味がないと思ってしまったのです。

今は東京にひょっこり来てしまって、1人でいるのがものすごく気楽です。

本来の生き方に近い、つまり、ヤコブの魂の望みに従って暮らしているわけです。

昔の友達と会うと、「お前、なんでそんなに若いの?」とみんな驚きますが、逆に、「なんでそんなに老けているの?」といつも思うのですよ。

年齢としては、僕は70歳に近いのですが、自分が年寄りだとは思っていません。

磔になったときのヤコブは20歳ちょっとくらいだったので、僕の手術後に歳をとってきたとすると、今は40歳くらいです。

僕も気分的には今、40歳くらい。やはり、ヤコブの魂だからなのですね。

兄のせいで磔になって、ヤコブの人生は中断したけれども、それをマリア様が続けられるようにした……。

だから僕は、保江邦夫ではなくヤコブという人間が、これから人生の後半をどう生きていくのかを傍観しているような心地でいます。

こうして山崎さんと出会っていろんなお話もしていますが、保江邦夫の人生にはそんなストーリーはなかったはずです。

ヤコブが生きた当時のストーリーが、周囲の状況や環境が変わった今でも継続しているということですね。

山崎　ヤコブの時代ですね。

保江　ヤコブの時代は、まさにミトラ信仰です。
だから、あの秘儀の話も、保江邦夫ではなくてヤコブに話がきたのでしょう。

山崎　そこで、マイトレーヤとして出現してくるという流れでしょうか。キリストの復活ですね。

保江　ちょっとびっくりです。
今日はこんな話をする予定はなかったのに、あの秘技を受けるのがヤコブだということがわかりました。肉体を持ったヤコブの魂として、あらためて受け入れて何かを発信していくということかな。
マイトレーヤが現れるとしたら、まさにヤコブは適任ですね。

山崎　マリア様の実の子どもは、ヤコブだったのですね。

保江　その伝言によるとね。さらに、妹もいたそうです。

長男といわれているイエスと双子の弟イスキリ。三男のヤコブ。

その下に女の子がいて、名前がサラだったそうです。

キリストとマグダラのマリアの間にできた子どももサラですね。でも、本当はサラは妹のことだったという説もあります。

導かれて暮らしたパリ、サンジェルマン・デ・プレ

山崎　映画『ダ・ヴィンチ・コード』に、サラの話が出てきましたね。

僕は、10年前くらいに、パリのサンジェルマン・デ・プレに3年間住んでいましたが、すぐ近くにヤコブというストリートがありました。

派手ではないけれどもおしゃれで、すごくいい通りでした。

僕のアパルトマンは、サン・シュルピス駅から上がってすぐのところにあり、『ダ・ヴィンチ・コード』の舞台にもなったサン・シュルピス教会も近かったです。

そこからすぐの通りが、マリア様の子どもの名前というのもすごいですね。

保江　山崎さんは、やっぱりそんな場所にいたのですね。

昔、フランスのレンヌに騎士団があり、マリア様を守っていました。サン・シュルピスも、そこに修道士としており、マリア様に身を捧げていたのです。

だから、マリア信仰なのですよ。

山崎さんはなぜ、サンジェルマン・デ・プレに住むことにしたのですか？

山崎　僕はずっと、海外に住むという夢を持っていたのです。

その夢をなかなかかなえられずにいたのですが、結婚してから、子どもが受験生になったり、親の介護問題が発生する前にと、上の子が小学校2年生、下の子が保育園生のときに行くことにしました。

保江　じゃあ、家族連れだったのですね。

山崎　そうです。だから子どもたちは、ある日突然、フランスの学校にポンと押し込まれてフランス語の生活に入ったのですね。

そのとき、一緒になって物件探しをしてくれたロンドンの友人などに、「拓巳さんは絶対にサンジェルマン・デ・プレがいいよ」と勧められたんです。

そのときに彼らも、「このヤコブというストリートが好きなんだよね」といっていました。

サンジェルマン・デ・プレは本当に趣《おもむき》があって一目で気に入り、部屋も決まって住むことになったのです。

保江　昔からパリに住みたかったのですか？

山崎　最初は、海外に住みたいという希望だけで、どことははっきり決まっていなかったのですが、パリに2回、3回と行くうちに「好きだなぁ、この街」と思い始めたんです。

ニューヨークも好きなので、どちらに住むか悩みました。

それで、たまたまイスタンブールに行ったときに、日本とイスタンブールの往復ではなく、イスタンブールに行った後パリに行って、その後ニューヨーク、そして日本と、地球を一周廻ることにしたのです。

飛行機のチケット代が安いし、パリとニューヨークをあらためて見比べるのにとてもよい機会になりました。

イスタンブールで用事をすませてパリに行ったら、やっぱり素晴らしいんですね。

数日の滞在後、シャルル・ド・ゴール空港からニューヨークに向かっている途中に、「やっぱりパリだなぁ」と思いました。

「ニューヨークはイージーで、東京と変わらないな」とも。

歳をとってからはニューヨークもいいけれども、パリのチャレンジは歳をとったらできないかもしれない。「じゃあ、パリで勝負してみるか」と。

フランス語はできませんでしたが、住んでみたらますます大好きになりました。

その3年間は本当に面白くて、昨日も妻と、

「もう1回住みたいね。子どもが大きくなったらまたパリがいいな」といっていたところです。

フランスは、社会主義というところが面白いですね。それまでは資本主義しか知らなかったので。

資本主義以外イコール共産主義というふわっとしたイメージしかなかったのですが、社会主義というのがあると知りました。

結局、パリ革命のままで現代まできているのですよね。市民が勝ったらこういう体制になるのかと。

僕たちは政府のコントロールを受けているわけですが、コントロールを受けていないところに行って初めてそれがわかったような気がします。

こんな理屈が通るのか、みたいな驚きがありますね。

保江　確かにね。

山崎　ストで電車が止まるのにはびっくりしましたね。しかも、1日や2日じゃない、すごく長い期間なのです。

でも、市民はストに怒るわけではなく、私たちのカルチャーだといっていました。

人間はみんな自由だから、ストをする自由もあるというわけですね。

保江　そうですよね。

また、フランスは東洋人、黒人、いろんな人種がいても、肌の色では差別しないですね。差別するのは、言語のみです。

フランス語さえ喋れれば誰でも仲間です。片言でもいい、喋ろうと努力していればウェルカム。英語で通そうなんて思ったら、白人でも冷たくあしらわれます。

山崎　確かに、片言でしたが少しでもフランス語で話していたら、とてもよくしてくれました。楽しかったです。

保江　カフェのテラスでワインを飲みながら、歩いている女の子をぼーっと見るのもいいですしね。

山崎　足ですか（笑）？

保江　パリに行った頃は、足はどうでもよかった（笑）。

山崎　その頃は、ヤコブじゃなくて保江先生だったのですね。フランスでも、面白いことはありましたか？

保江　パリから車で3時間くらい行ったヌヴェールという地に、サン・ジルダール修道院というところがあります。

19世紀、ルルドでマリア様に出会ったベルナデッタという女の子が、その後、修道女になって35歳で亡くなりました。

地下墓地に安置されたのですが、30年後に棺が開けられて遺体鑑定が行われたところ、遺体がまったく腐っていなかったのです。

ロザリオは錆び付き、十字架は大きく変色していたのに、体はなんともない。奇跡ですね。

その修道院に行けば誰でも拝めるので、僕も行ってきました。

棺はガラス貼りですが、粗末な作りでしたから遺体が腐っていれば臭います。でも、近づいたらバラの香りがするし、とても美人なのですよ。

そこの修道院では、彼女の顔や姿をブロマイドにして売っています。それが、生きている人が寝ているときの写真のようにしか見えないのです。

やっぱり、神様の奇跡はすごいと思いました。

それを見た次の日、パリの奇跡のメダイ教会を訪れました。

これも19世紀の話ですが、カトリーヌ・ラブレというシスターの前にマリア様が現れ、「フランス、そして世界は今、悪の時代です」とおっしゃいました。

そして、カトリーヌ・ラブレにメダイ（メダル）のイメージを伝え、「それを身につける人は大きな恵みを受けるでしょう」とおっしゃったのです。

そのシスターの遺体も、今も腐っておらず、聖堂に安置されているのですね。

山崎　メダイ教会も歩いていける距離にあったので、よく行っていました。メダイも、お土産で買って配りきれなかったのが今でもたくさん家にあります。

パリで住んでいた部屋のあたりは、本当に荘厳で素晴らしい教会だらけでしたね。

保江　やっぱり、導かれていたのですね。普通、なかなか住める場所ではないでしょう。

山崎　教会以外でも、ダリやピカソ、サルトルやボーヴォワールなどがよく集まっていたカフェ、ドゥ・マゴが近くにありました。

保江　そういう店が残っているのが、パリのすごさですよね。

僕もパリは好きです。あの秩序のない秩序というか、混沌の中にある秩序がいいですね。

山崎　日本よりも、人間らしいなと思う人がいっぱいいいますよね。僕らは、きれいな型にはめられちゃってる感じがします。人間はこうあるべきみたいな。フランスでは、「本来人間って、こういう感じなのかな」と思っていました。ちょっと関西っぽくないですか。声も大きくて、わーわー騒いでいたりして。パン屋さんで並んでいても、必ず話しかけられますね。「こういうことについて、どう思う?」なんて聞かれることもあります。

保江　男2人が集まると、必ず政治の話をしているしね。

山崎　していますね。

保江　そして、意見を必ず聞いてくる。

山崎　そんな話を振られて困りました。あまりにも知識がなさすぎて。フランス語や英語うんぬん以前に、特に意見もないということが多かったですね。

保江　しかも芸術に始まり、あらゆるジャンルのことに口出しするからね。

「かかとをつかむ者」ヤコブで生きる

山崎　先生のご年齢は70歳近いとおっしゃっていましたが、振り返ると、「生きる」とは何ですか？

保江　恥をかき続ける。恥の上塗りです。

山崎　生きるとは、恥の上塗り。

保江　僕の人生、恥をかいていないときはほとんどなかったような気がしますね。

山崎　どのような恥ですか？

保江　僕自身に、もっとこうすべきだった、きちんとした人間であればこうしただろうという基準があって、それから考えると、「もう、大恥」ということしかできていないのです。ひょっとすると、他人の目には恥でも何でもなかったのかもしれませんが。

僕の思う正しい人間の在り方、お手本が、いわゆる勧善懲悪の単純なドラマや映画の主人公のような生き方なのです。

それに照らし合わせると、恥ずかしい、みっともない、なんて情けないという行動しかできていない。だから、ずっと恥をかいていると思うのです。

今、冷静に分析したらそういうことですね。

山崎　要は、ヒーローもののドラマや映画の主人公だったらこうするだろうと。

保江　はい。この考え方は、たぶん保江邦夫のほうですね。

ヤコブになってからは、そのギャップがほとんどなくなっているように思えます。

山崎　ヒーローのほうに近くなったのですね。

保江　保江邦夫の頃は単に憧れて、ヒーローのような行動をしたかったけれども全然できませんでした。

でもヤコブになってからは、歯が浮くようなセリフをいいながら、日本男児は絶対やらないようなことができている自分を再評価しています。

女性秘書が７人までに増えたのも、ヤコブになってからです。

以前の保江邦夫は良くいえばシャイ、悪くいうと情けなかった。こうありたいと思っても、恥ずかしくて行動がついていかなかったのです。

僕の祖母には、岡山弁で「はがいー、はがいー」といわれていました。歯がゆいということですね。

でも、ヤコブになってからは、前はとてもじゃないけれども照れてしまっていえなかったようなセリフが、勝手に口をついて出てくるのです。

それと、シャイだったら、足の写真も撮らせてもらえないですよね。今では、美しい女性にも臆せずにお願いすると、皆さん、「どうぞ」といってくださる。

山崎　ネットで見てみますと、ヤコブはヘブライ語で「かかとをつかむ者」という意味だそうです。

保江　かかとか、なるほど。足が極まればかかとなのかもしれない。
もう500枚くらい足の写真を撮っていますが、その中で最高傑作だと思っている1枚があります。ただ、自分でもなぜそれが最高傑作なのかがずっとわからなかったのです。
それほど細くも長くもないけれどちょうどいい形で、どちらかというとちょっと太めの足ですが、最高に美しい。
お見せしますね。

山崎　ああ、かかとがクッキリ出ていますね。

保江　かかとです。びっくり。今のヤコブの意味でわかりました。

山崎　足全体が好きというより、本当はかかとが好きだったのかもしれないですね。

保江　そうですね。
僕は物理学者だったのが、死にかけてからはルルドやファティマという奇跡の場所に行ったり、自身にも奇跡のようなことが起こっているせいで、もはやまっとうな物理学の研究はしていないのです。

スピリチュアルな話ばかりになってきて、不思議な体験をしたからそういうことになっているのだろうと思っていましたが、そうじゃないですね。

ヤコブが物理学に興味があるはずもないし、そんなことよりも人生の最も大事なテーマがこれだったのだと思います。

今日、山崎さんにいわれなかったら、ヤコブのことを思い出すこともなかったし、かかとのことは知らないままでした。

ありがとうございます！

大切なのは信頼残高を増やすこと

保江　山崎さんの最近のマイブームは何ですか？

山崎　僕は、新型コロナウイルス・パンデミックの前は毎日のように国内を移動して、セミナーをしていました。

集客はブログで告知することもあるし、その地域ごとの連絡網がありますから、それで拡散して満席になることもありました。今はコロナがあるのでオンラインセミナーばかりになりましたが。

テーマは、その時々で変えます。メンタルマネージメントのときもあるし、コロナが出てからは学びがすごく多いので、「最近の学び」というテーマでやっています。

保江　いいですね。「最近の学び」を皆さんと共有するわけですね。

それを面白がってもらえるというのはすごいです。

普通、個人的な話なんて、面白くもなんともないことがほとんどじゃないですか。

山崎さんの場合は、興味を持ってもらえる話ができるということですよね。

山崎　先日、夜中に何気なくインスタグラムを開いたら、そんな時間にライブをしている人がけっこういました。

その中で4、500人の若者が集まっているライブがあったのですが、やっていたのは若い男の子で、ウーバーイーツを最初に日本に持ってきた人で、今は不動産で成功しているようでした。

彼がいい話をするので、寝ようと思っていたのに2時間も聴いてしまいました。

例えば、大量にお金が刷られる時代になり貨幣価値が下がってきたので、物に換えようとする人が大勢いる。

でも、大切なのは物ではなく、自分の信用価値を上げることだと話していました。

信用をベースに仕事をしていく以外にはないよと。

彼は不動産業をしているから、大勢の人が、「自分も不動産を手がけてみたいけれど、この物件どうですか？」と聞いてくるが、聞いてくる時点で彼よりも知識がないことがわかります。

だから、そんな人は不動産はやらないほうがいいというのです。彼のレベルまでできて初めて仕事になる、生半可な知識を持っているくらいでは、絶対にやらないほうがいいわけです。

彼は、他の仕事をしたとしてもすごく儲かるかもしれないけれども、今は、周りの人がハッピーにならないお金は稼ぐ意味がないらしいです。

保江　なかなかいいことをいいますね。

山崎　「この子、わかっているな」と思いました。
それから、「何か新しいことに興味を持っても、怖くてできない」という意見があったので

すが、彼は、

「恐怖心というのは心のエラーです。恐怖というのは生命を守る機能としてあるので、生命が脅かされるという心配が薄くなれば、人類は恐怖やビビるという感覚は失っていくでしょうね」というような答えをするのですよ。

若くて気取らず、肩の力を抜いて、ペットの犬をいじりながら淡々と喋っているのです。

他には、「なんで事業を起こしたんですか？」という質問に、

「それは簡単です。日本では生涯年収が5億円以上ある人を富裕層といいます。サラリーマンという選択では富裕層にはいかないなと判断したので、起業したんです」と答えていました。

ものすごく頭の中が整理整頓されている、無駄がない人ですよね。

保江　すごいですね。

山崎　信頼残高のようなことがわかっているのです。

保江　いい言葉ですね、信頼残高。

山崎　いい言葉なので、最近、仲間内で流行らせています。「うまくいかないんですけれど、どうしたらいいんでしょう？」と聞かれたら、「それは、信頼残高が足りないからだなぁ」と答えます。

そうするとみんなハッと気がついて、何をすればいいかが自らわかるのです。

興味を持ったので、あとでインスタの彼のことを調べてみました。

彼は広尾のおしゃれな共同オフィスに入ったようなのですが、そこには、若手のキレキレの人たちが集まっているのです。

僕も今はオフィスを使っていないから、引き払ってそこに入れてもらおうかなと思うくらいすごい人脈。

保江　今や、若い人たちにそういう流れが生まれているのでしょうか？

山崎　ありますね。特に、Z世代の子たちは期待ができます。

保江　頼もしいというか、楽しみですね。そういう若い人たちがこのコロナ禍で育っているというのは。

最近の若い人たちは優しいですよね、ハングリーな感じがなくて。

その原因は何だろう。文科省の教育が良かったとは思えない。


誰かもいっていましたが、本当にコロナって神様のように、特に日本人に対してはむしろ良い影響を及ぼしてくれているところも多いと思います。

仕事についても、食べ物についても、遊び方についても、コロナ以前の状況と比較して、冷静に考えることができたわけです。

あんなに頑張って満員電車に乗って会社にしがみついて、いったい何をやっていたのだろうと気づかせてくれる神様なのだそうです。

コロナの神様がいなかったら、そうした優秀な若い人たちも社会の狭間でまだまだ表面には出てこなかったかもしれない、あるいは無視されていたかもしれないですね。

今はもう無視できないから、逆にお手本にしたくなるわけです。

コロナの神様の遣いですね。

山崎　確かに。もしかすると、若い子たちが一気に覚醒しているのかもしれないですね。

保江　感情的な部分に、宇宙人の介入があるのかもしれない。

山崎　それは面白いな。僕も選んでほしいなあ。

保江　とっくに選ばれていますよ、小さいときにあの秘儀を受けたあたりから。もう、感じが宇宙人っぽいですものね（笑）。

山崎　そうですか（笑）。

保江　若い世代にはいろんな人がいるのですね。ついにそういう時代になりました。その中から、マイトレーヤが現れても不思議はないですね。

山崎　出てきてほしいですね。

Part 3

勇気が人をセクシーにさせる

【対談第3回目】

幸せな流れを呼び込む伯家神道のご神事

山崎　今日は、あの秘儀の体験談をうかがえますね。

保江　この間の日曜日に、名古屋まで行ってきました。

当日が近づくにしたがって、それまでにないほど、自分がハイテンションになっているのがわかりました。

だって、山崎さんが子どものときと去年の2回も、そして他にも多くの知人が受けていた。

それから、歴史上の人物の名前もたくさん出てきていたので、これはすごいと思って。

前日の夜に名古屋に入って一泊し、午後1時に紹介してくれた女性と落ち合って、2時の儀式に参加するという予定でした。

当日の朝、新幹線で名古屋までやってきた、美人秘書も合流しました。

彼女は霊感が強くて、サムハラ神社の奥の院も見つけてくれたし、四国に行ったときはキリスト村やキリスト神社、マリア様のお墓まで見つけてくれた人です。

ただ、自分の直感以外の霊的なものは信じていないので興味を示さないだろうと思っていたので、直前になってあの秘儀のことを話したのですが、「私も行きたい」といい出しました。「珍しいね。こんな儀式に興味があるなんて」というと、「なんとなく行ってみたいんです」というのです。

現地について、申し込み用紙に名前と生年月日を書いて、別室で待ちます。儀式の部屋に入ると、中国の僧侶の服装をした導師のような方が、線香やろうそくをつけて準備をされました。

参加者は10人ほどでしたが、まずは男性だけ、その後に女性だけで受けることになると、別々にされました。

儀式が始まり、立ったままの姿勢で興味深く見ていたのですが、導師がお辞儀をしながら中国語で、弥勒菩薩を飾っている仏壇に向かって言葉を発していました。お辞儀の仕方など、やはり中国の密教系でしたね。

そして、僕らの名前が書かれた紙を、仏壇のろうそくの火で燃やすのです。

やはり、拝火教とも呼ばれるゾロアスター教を彷彿とさせました。

そして、僕ら１人ずつに呪文のような言葉をかけて、最後に第三の目のあたりにあることをします。ここは、明かしてはいけないところです。

そこで終わったのですが、正直なところをいいますと、ちょっと拍子抜けでした。すごいことが行われるだろうと思って期待が大きすぎたせいか、「あれ？　これだけか」と思って。

カジュアルで、まるでボーイスカウトの入団式のように感じられたのですね。

でも、他の人たちはすごく喜んでいて、紹介者から花束を贈呈されたりして、盛り上がってました。

男性の儀式が終わって女性の番になったときは、僕の秘書が受けるのを後ろから見ていました。

しばらくすると、急に前のほうがざわざわして係の女性が数人集まったので、どうしたんだろうと見てみたら、具合が悪くなってしゃがみこんでいる若い女性がいました。

それが、僕の秘書だったのです。

彼女は別室に連れていかれたのですが10分ほどして戻ってきて、座ったまま最後まで儀式を受けました。

彼女には10年くらい前から秘書をしてもらっていますが、田舎で育った、元気で風邪もひいたことがないような子です。みんなは貧血だといっていましたが、貧血になるような子じゃないのです。

不思議に思って後で聞いてみたところ、何かとても重たいものがかぶさってきて、立っていられなくなってしまったというのです。

帰り道、僕には感動がなかったことや秘書がしゃがみこんでしまったことについて、いろいろと考えました。

それで、やっとわかったのです。

僕は、伯家神道という、天皇陛下と皇太子殿下しか受けられないようなご神事を受け継ぎました。天皇家の神道ですね。

そのご神事のときには、神様が降りてくるということが頻繁《ひんぱん》にあるわけです。

あの秘儀では、実際、秘書が重たく感じたような何かが降りてきていたと思いますが、僕からすると、いわゆる神様ではないと思うのです。

お金が廻ってくるようになるとか、豊かになるというご利益から考えると、一種の稲荷信仰のようなものではないでしょうか。

天皇陛下や皇太子殿下が受けるような、国家安寧を祈願するといったものではないなというのが正直な感想です。

つまり、あの秘儀を受けてみてあらためてわかったのは、自分が行ってきた伯家神道は、やはり類を見ないほどにすごいものだということです。

そうした霊術の中では、頂点にあるようなものでしょう。

今、このタイミングで僕にそう感じさせる流れが生まれた、それはもしかして、伯家神道のご神事も皇室の方々だけではなく、一般の方々の中でも国のために動いてくれそうだと直感でわかった人には、同じように行うといいということを、知らしめるためだったのではないか。

それを教えてくれるためのこの流れだったというのが、僕の結論です。

もっとたくさんの人が、第三の目が開いたり神通力が得られるというのであれば、伯家神道のご神事もより広く行う意味があると、腑に落ちたわけです。

だから、これから始めてみようと思うのです。

山崎　どこかに人を集めてするのですか？

保江　いえ、僕が勝手にやります。

この人はと思う人がいたら、ちょっと飲みに行こうよと誘ったりして。

もちろん一切お金も取らず、僕がちょっと祝詞をあげるだけなので、何も害はありません。

奈南さんを巫女にしたように、簡単な祝詞と柏手で、その人の霊的な何かを目覚めさせるわけです。

知らない人に対しては、例えば新幹線で向こうに座っている人が使命を帯びているように直感したら、本人にも周囲にもわからないように勝手に柏手を打って、祝詞を軽く奏上するのです。

本人は何も気づかないうちに、神様と一体になるチャンスが増えるわけです。

山崎　チャンスが増えるというのはラッキーですね。

保江先生が、神様に背中を押されている感じを持たれているのですね？

保江　そうです。今までは、白川家門外不出の秘伝で、天皇家だけに向けたものとして閉じられていました。

先代の巫女様がお亡くなりになってから、伯家神道は僕と今の巫女様が引き継いでいるのですが、伯家神道として一般の人に行うのは支障があるかもしれないので、僕だけが単独でとりあえずやってみようかなと思います。

少しでも世の中が良くなれば嬉しいですよね。

山崎さんとの対談の中でクローズアップされてきたあの秘儀のおかげで、神様の教えがわかったように思います。

山崎　今、それを僕にしていただくことはできますか？

保江　もちろんできますよ。第1号になりますね。

では、ベランダにある隠遁者様の十字架を見るような感じで、のんびりお座りください。

努力も何もしなくていいですから、ただただぼーっとしていてください。


（祝詞）（柏手）

そのままお待ちください。

（柏手）

はい、ありがとうございました。もう大丈夫です。

山崎　ありがとうございます。とっても幸せな流れが自分に入ってきた感覚になりました。今、この瞬間、保江先生がそのことを願い、集中し、儀式をやってくれているんだという思いに感動しました。

イザナギ、イザナミのサポートをいただく

保江　ところで、あの秘儀について、実は面白いことがあったのです。

すでに少しお話しましたが、松本清張の小説の中に、飛鳥の石舞台古墳などを研究している女性歴史研究家が殺人事件に巻き込まれるという物語、『火の路』があります。

昔、日本にゾロアスター教を伝導しようという動きがあり、飛鳥の石舞台古墳などを作った。その勢力が連綿と現代まで生きていて、日本を裏で動かしている。

その連中が、そうした情報の流出を防ぐために人を殺めていた、というあらすじです。

松本清張がそのストーリーを得たのが、岡山県の熊山のてっぺんにあるピラミッドのおかげだというのです。

僕は高校の頃、あまり真面目な生徒ではなかったから、当時は不良が乗るといわれていたオートバイに乗っていました。

熊山は、僕の実家がある岡山市内からオートバイで1時間以上かかるところでしたが、気分転換に行って頂上でぼーっとしたり、2、3人でツーリングをして青春の悩みを語り合ったりしていました。

あの秘儀を受けてからちょっと気になって、50年ぶりに熊山に車で登ったのです。

久しぶりに見たピラミッドは、けっこう大きくて立派なものでした。

岡山県の教育委員会等は、いまだに何のための造形物かわかっていないといっていますが、松本清張によると、それはゾロアスター教、つまりマイトレーヤを祀るためのものだったというのです。

そのときも、いろいろと検証してみたところ、やはりあの秘儀は、マイトレーヤのミトラ教、日本の仏教では浄土宗の光明派の流れだなと確定できました。

山崎　やはり、マイトレーヤなのですね。

保江　はい。マイトレーヤ信仰では、お釈迦様の後は、56億7千万年後にマイトレーヤという救世主が現れるとしています。

その56億7千万という数字、567が意味するのがコロナ《567》で、今がその時期だという説もあるようです。

だから、今年マイトレーヤが復活するという話も、この熊山の遺跡が絡んでいるかもしれないと思ったのです。

その後、京都で開かれた僕の講演会に、淡路島の福祉乗馬クラブの理事長である女性が来てくれました。

そして、帰りしなに、

「諭鶴羽《ゆずるは》神社の宮司さんが会いたがっていますから、明日、来てくれませんか？」といわれたのです。

翌日は京都から岡山に車で帰る予定だったので、

「淡路島から四国を走って岡山に入るルートにすれば寄れるけれど、天気にもよりますね」と答えました。

すると、その日の夜から京都は大雨で、次の日の朝もまだ土砂降りが続いていたのです。

これでは淡路島行きはやめておこうと思っていたら電話がかかってきて、

「今日、来てくださいますよね」といわれたので、

「土砂降りだから無理ですよ。山道が大変だから」と答えると、

「こちらは小降りになってきたので、もうすぐ止むと思います」とおっしゃって、結局押し切られてしまいました。

諭鶴羽神社は、淡路島で一番高い山である諭鶴羽山の上にあります。

京都から車で2時間半くらいかけていくと、理事長さんがいうとおり山に登る手前で晴れてきて、神社では宮司様が待ってくださっていました。

以前、僕の京都での講演会に、スケボーを担いだ青年が現れて、「諭鶴羽神社で神様の声が聞こえてきて、保江邦夫にお守りを持っていってやれといわれたから、受け取ってください」と、交通安全お守りをくれたことがありました。

本人は、保江邦夫なんて名前は聞いたことがなかったのに、友人が知っていて講演会が開かれることも調べてくれ、わざわざ京都まで交通費をかけて、参加費まで払って僕に伝えてくれたのです。

ちょうどその頃、僕は無茶な運転で15年間乗っていた愛車を潰していました。

あのまま運転を続けていたら必ず事故を起こすから、神様が注意喚起のために交通安全お守りをくれたと思って、それから大事にしています。

その話を講演会でカミングアウトしてから、全国の皆さんが諭鶴羽神社の交通安全お守りを注文するようになり、売り上げが急増したそうです。

交通安全お守りが妙に売れるようになったなと不思議に思っていた宮司さんがそれを知り、僕に会いたいと思ったとのことでした。

本殿で僕のためにわざわざ祝詞を読み上げ、本当に立派なご神事をしてくださいました。

諭鶴羽神社は、国生みをしたイザナギ、イザナミの神が鶴に乗って舞い降りてきた場所と伝えられています。

諭鶴羽神社の御祭神であるイザナギ、イザナミが、僕に交通安全を喚起してくれたのだと思い、帰る前に、

「僕も祝詞を奏上していいですか？」とうかがって許可をいただき読み上げたのが、伯家神道の祝詞でした。

そして、最後の柏手をポンと打った瞬間、神棚の上のＬＥＤ照明がパンとついたのです。

宮司様がそのタイミングでスイッチを入れてくれたのかなと思いつつ、お礼をいっておいとましました。

帰り道、同席してくださった乗馬クラブの理事長に、

「あの宮司さん、僕が祝詞の最後に柏手を打った瞬間に、わざわざ神棚の電気をつけてくれ

たんですね」といったら、

「いえ、宮司様はずっとあそこに正座をされてましたよ。誰もスイッチなんか押しにいっていません」というのです。

彼女は目をつぶって祝詞を聞いていましたが、最後の柏手で急に明るくなったから、外から急に陽が差したと思ったそうです。

でも、本殿の奥にある神棚ですから、陽が差すような場所ではないのです。

実は、以前にも同じことがありました。

5年くらい前のお正月に娘と初詣に行って、僕が柏手を打ったら、拝殿の上のLED照明がパンパンとついたのです。

それを見ていた娘が、

「お父さん、最近の神社は柏手に合わせて電気をつけてくれるんだね」というので、

「面白いことをやるね。ちょっと他の人のを見ていよう」と、次の人が柏手を打つのを見ていたのですが、照明はつきませんでした。

その後もしばらくうかがっていましたが、誰のときもつかないのです。

ちょうどそのとき、友人の神主から正月の挨拶の電話がかかってきたので、

「最近の神社って、センサーを柏手の音に反応させて照明をつけてくれるの？」というと、「そんなバカなこと許されません。神社に対する冒涜です」と憤慨していました。「でも初詣で、パンパンとやったらついたんだよ」というと、驚いて、「そこまで霊力がお強くなったんですね」と、感動している様子。

神官の中には、同じような現象を起こす人がいるそうです。

彼がいうには、修行が進んだ人が柏手を打ったり幣を振ると、照明装置が作動することがあると。

山崎　レベルの高い方にはそんなことがよくあるのですね。さすが保江先生です。

保江　僕の経験はその一度きりだったのですが、今回、僕に交通安全のお守りを授けてくださった諭鶴羽神社で起こったわけです。

ということは、イザナギ、イザナミの神が、僕がこれから始めようとしているご神事について褒めてくださっている、サポートしてくれるという証に違いない、と勝手にそう思いました。

夕方の４時半頃に山を降りて理事長さんたちと別れ、最寄りのインターから高速道路に乗りました。

鳴門海峡大橋を渡って、徳島、高松を経て、瀬戸大橋を渡って岡山に戻るルートで帰ろうと思いつつカーナビを見ると、やはりそれが最短ルートだと示しています。

そして、道が2つに分かれているところで、徳島方向の右をカーナビが指示し、僕の頭でも右だなと思っていたのに、なぜだか左、つまり神戸の方向に進んでしまいました。

「しまった」と思いましたが、まあどこかでUターンできるだろうと気楽に考えていると、カーナビは次のインターでいったん降りて、高速に入り直して徳島方向に走らせようとするのです。

それも面倒になってきて、時間が余分にかかるけれど、このまま本州に上陸して山陽自動車道で岡山まで戻ろうと思いました。

神戸に渡ってから1時間半ほど走り、岡山インターに間もなく差しかかるというときに、高速道路の電光掲示を見てびっくりしました。

「強風のため、四国~岡山間の瀬戸大橋通行止め」

当初の予定どおりに徳島方面に進んでいたら、岡山に帰れなくなっていたわけです。ますます、これはイザナギ、イザナミが味方をしてくださっていると確信しました。

山崎　先生は本当に、神様方に守られていますね。

そして、ミッションもとても多いですよね。

神様の気持ちに沿って生きるために

保江　以前の僕は、こうした男性との対談や、会合や食事のお誘いなどは、できるだけ断っていたのです。女性だったら喜んでお会いしていましたが（笑）。

ところが、風の時代、鳳凰の時代になったといわれてから、そろそろ男性と出会うようにしてもいいかなと思い始めたのです。

その第一号が、今年の1月30日に気仙沼に来てくれという話でした。

福祉乗馬クラブの理事長さんが、気仙沼にある会社の会長が僕に会いたいといっているから一緒に来てくれませんかというのです。

会長さんは70過ぎの男性で、僕は気が進まなかったのですが、「まあ、これも風の時代のご縁だろう」とついていったのです。

その会社では、マコモを作っていました。

マコモというのはイネ科の植物で、麻と同じぐらいの繁殖力と霊的な力を持っています。

たけのこに似ているマコモダケは最近わりと知られてきていますが、マコモの新芽が肥大したのがマコモダケです。

稲よりも早く繁殖して食用にもなるし、その葉で繊維を作ることもできるということで、近年の注目株です。

それから、病気を治す力もあるといわれています。


昔、第二次世界対戦より前の話ですが、会長のお父さんの夢枕に神様が現れ、「マコモを栽培して粉にして、皆の命を助けろ」といわれたそうなのです。そして、「マコモは気仙沼で栽培しなくてはいけない。よそで栽培したマコモはダメだ」とも。

気仙沼というのは地名にすぎず、気仙沼という名前の沼があるわけではないのですが、幸い、気仙沼にあるお住まいのすぐ近くに、マコモが自生している沼がありました。

そこで、神様から伝えてもらった方法で粉にして、抹茶のようにお湯で溶くと、色がコーヒーみたいに黒くなりました。

それを飲んだり、お風呂に入れたりするのです。

僕は最初、会長の話を受け流している感じだったのですが、だんだん面白くなってきて、通された会長室の中も見渡してみると、等身大以上の布袋様みたいな置物があるのに気づきました。

ピンとくるものがあり、

「これはどうされましたか?」と聞いたのです。すると、

「父親が、どこかからもらったものなんですよ」とおっしゃるのです。

「いつの頃からあるんでしょうか?　ひょっとしたら台湾の方からもらったものじゃないですか?」と聞くと、

「調べてみます」とおっしゃってアルバムを開き、

「わかりました。本当に台湾人ですね。ここに一緒に写っている、台湾で出会った人が父にくれました」と答えるわけです。

山崎　おお、そこでもですか?　背筋がゾクッとしました。

保江　僕はそれを聞いて、会長のお父さんもあの秘儀を受けられたに違いないと思いました。

会長のお父さんは、神様のお告げに従ってマコモを飲んだりお風呂に入れたりして、様々な病気を治しているのです。

でも、それだけでは説明にならないので、なぜマコモの粉が効くのかを神様にたずねたそうです。

神様に与えられた神通力で見えたのが、マコモの中にあるマコモ菌という細菌でした。それが人間だけでなく、あらゆる動物や植物にも生命力を与えてくれているという。彼はマコモ菌の詳細な絵を描いたそうですが、神様から見せられた菌だなんて、誰も信用しなかったそうです。

そのうちに、当時の東北帝国大学医学部放射線科の教授が、噂を聞いて突然、マコモ風呂に入りにきました。

マコモ風呂に入るとアトピーも治るし、すごく体にいいと噂で聞いたので、ぜひ入らせてくれということでした。

当時の放射線科では、朝から晩まで患者さんにX線を当てていましたが、今のように防護服も専用室もなかったので、その教授も何十年とX線を浴びていました。

放射線障害で髪も抜け、体調が悪かったところにマコモ風呂の噂を聞いてやってきたわけです。

そして、毎日のようにマコモ風呂に入っているうちに、症状が劇的に改善したのです。

教授は喜んで、開発者である会長のお父さんを、仙台市のご自宅に招かれたそうです。

行ってみると新聞紙に包んだものを渡され、その場で開けてみたら、なんと札束でした。そして、

「医学部の教授なんて大した給料をもらっていないから、この家を担保に金を借りました。今作れるありったけが、これだけの金です。これを元に、もっとマコモが世のため人のために役立つように広めてほしい」といわれたそうです。

会長のお父さんは驚いて、

「では、預からせていただきます」と証文を書いて帰りました。

そのお金で、もっと大量生産できるような装置も開発し、マコモの粉もだんだんと売れるようになっていったのです。

そのうちに、東北帝国大学医学部放射線科に、初めて電子顕微鏡が入りました。

そこで教授が、マコモの切片を撮影して電子顕微鏡で見てみると、2人とも驚愕するくらい、神通力で見て描いたマコモ菌と同じだった……。

そんな千里眼があったのなら、会長さんのお父さんは絶対にあの秘儀を受けていたに違いないと思ったのです。

山崎　間違いないでしょうね。

保江　会長さんの息子さん、つまり今の社長さんは50歳くらいの男性ですが、彼が、「気仙沼は初めてですか？」と聞いてくれました。

「実は2回目です。1回目は3年ほど前に、神様にいわれて気仙沼に水晶を投げ入れにきたんですよ」と答えると、

「面白いですね。どんな話だったんですか？」といわれたので、そのときの話をしました。

ある僕の講演会で知らない人に手紙を渡されたのですが、それには、どこかの女性が受け取った神様から僕への伝言が書かれていました。

「8月10日までに気仙沼に水晶を沈めなさい。そうでないと、日本がモンゴルの黒魔術団に潰されてしまう」というものでした。

そこでミッション開始。

「龍の助けを得て行け」ということだったのですが、気仙沼湾は広いから、どこに投げ入れればいいのだろうかと地図を見ていたら、真ん中に大島という島がありました。

その太平洋側の先に、龍舞崎《たつまいざき》という岬があったので、ここじゃないかなと思ったわけです。

そこで、気仙沼漁港からフェリーで大島に渡って、龍舞崎で水晶を投げ入れようと思い、朝8時に車で東京から出発しました。

ところが、夕方の5時過ぎにまだ気仙沼の手前までしか辿りつけず、これは今日中に龍舞崎に行くのは無理だと気づきました。

そこで、大島に渡らずに本土側から投げ入れても、龍舞崎の前の海だから同じじゃないかと思ったのです。

海の方向に向かって歩いていくと、海岸沿いの崖の上に一頭の龍が見えました。

「この龍の助けを得ろということかな」と思って近づいたら、それは有名な松の木だったのです。

龍の松といって、3．11の津波で壊滅状態だった松林の中で、1本だけ残った奇跡の松でした。波でくねっと曲がって、龍そっくりのシルエットになっているのです。

ここにしようと決めて崖下まで降り、かなり波が荒い海に投げ入れたわけです。

このエピソードを話したら、社長さんが、

「龍の松があるあたりの真向いが龍舞崎です。ちょうどいい場所でしたね」といってくれたので、あれでよかったんだとわかりました。

「でも僕は、手を抜いて龍舞崎まで行かずに龍の松の下から投げたので、ずっと負い目に感じているんです」といったら、

「なんなら行きましょうか。ご案内しますよ。3年前と違って今は橋ができたので、フェリーに乗らなくても車で行けますから」と提案してくださいました。

「ぜひお願いします」と即答して、大島まで連れていってもらいました。

そこは、竜宮伝説がある場所で、島自体が竜宮城になっているような雰囲気でした。乙姫様の胎内という洞穴があったり、浦島太郎が乗った亀の形の岩があったり、イザナギ、イザナミの沼もありました。とてもきれいな沼で、

「沼なのになぜこんなに水が澄んでいるんですか?」と聞いたら、

「普通の沼は淡水で、水が流れないからよどむのです。この沼は海の波の荒いときに塩が飛んでくるので、海水のように塩分が入っていて浄化されているのです」とのことでした。

「面白いところですね、気仙沼って」というと、社長さんは、

「ええ、気仙の沼ですから」とおっしゃいました。

気仙というのは昔の日本語で、霊魂のことです。気仙沼というのは霊魂がたまっている場所、

そこがあるのは宮城県。宮城に竜をつけると竜宮城になります。

そこから北、岩手県、青森県に行くと、一戸《いちのへ》、二戸《にのへ》、三戸《さんのへ》、五戸《ごのへ》、六戸《ろくのへ》、七戸《しちのへ》、八戸《はちのへ》、九戸《くのへ》という場所があります。

戸《へ》というのは戸《と》でしょう。神戸の戸《と》と同じで、神の戸です。

気仙沼が霊魂のたまり場で、それから北に向かって神の戸がある。

つまり、気仙沼から始まって、岩手、青森のあたりはすごい場所なわけです。

今回も同行してくれた美人秘書も霊的能力のある知り合いが多いのですが、その中の１人が、

「気仙沼に行くのなら、金華山まで行って結界を修復してきてよ。

今、金華山の結界が崩れていて、このままだと大変なことになる。できるだけ早いうちに結界を張り直さないといけないのだけれど、なかなか金華山に行ける人もいないし、どうしようかと思っていた。ちょうどいいからお願いします」といってきたそうです。

それで、マコモの社長さんはこの後、用事があるとのことだから、我々２人だけ残って、一番素晴らしい場所を見つけて、ご神事をしようということになりました。

そしてふっと見ると、龍舞崎から真南の水平線の彼方に、富士山が見えるのです。

宮城からはさすがに富士山は見えないだろうと確かめると、それが金華山でした。

「素晴らしいフォルムだな。あれが金華山か」と感心していたら、秘書が、
「金華山の結界を張り直す祝詞をあげてください」というので、とりいそぎご神事をしました。
「これでなんとかなったね。でもやっぱり金華山にも行ってみなきゃいけない。明日行こう」
ということになって、その日は石巻に泊まり、翌日に金華山に行くことにしました。

金華山は離島になっているので水上タクシーで渡ると、船着き場のあたりでは、いまだに3.11で崩れた崖や港を修復しています。

震災の傷跡がまだ残っていて、工事関係者とダンプカーやブルドーザーが動いているだけなのです。

そこはご神事ができるような雰囲気ではなかったので、結局、山を登るしかないということになりました。

水上タクシーは、待ってくれても1時間が限度です。

30分以内に登ってすぐに戻らなくてはならないという、なかなかハードな登山になりました。

登るといっても整備された道があるわけではなく、野生の鹿が残したフンが目安になるような獣道を登っていくわけです。

急ぎ足で進んでいくと、だんだんと体が重たくなってきました。

秘書は田舎育ちで山登りも得意なので先にいってもらい、僕はその後ろをついていったのですが、体が本当に重いのです。

疲れて重いわけじゃない。足も体も、頭まで、地球の重力が倍になったように思えて秘書にそういうと、彼女もそう感じるといっていました。

「頂上までは時間的に無理だな」と思い始めた頃、岩座《いわくら》のような巨大な岩に行き当たりました。その岩座の前に、広くはない平地がかろうじてあり、そこに２人で立った瞬間、それまでの重さが消えて、ふわっと軽くなりました。

それで、ここが探していた場所だとわかったので、大島でしたのと同じご神事をして、結界の修復を完了しました。

「登山は上りより下りがきつい」という人も多いのですが、山を降りる際には体が軽々としてスイスイ足が運ぶのです。駆け足で降りていって、なんとか時間に間に合いました。

山崎　ミッションコンプリートですね。

保江　ええ。少し続きがあって、金華山に行ったのが2月1日のことだったのですが、その後、13日土曜日の夜11時過ぎに、東北地方で地震があったでしょう。

そのとき、僕は京都にいて、ホテルで観ていたテレビのニュースで知ったのですが、マグニチュード7、最大震度6強と、とても大きな地震でした。

「結界を張ったのになんでだろう。もしや、失敗だったのだろうか」と思っていると、福島の知り合いから電話がかかってきたのです。

状況を聞いたところ、3．11のときよりも揺れが激しく、10年ぶりにまたかと思ったけれど、今回は津波もないし、被害もそんなになさそうだと教えてくれました。

続報でも、家屋の全壊などはありましたが、死者は1人だけでした。

翌日、京都で霊能者やお公家さん方に会ってこの話をしたら、

「よくぞ金華山まで行って結界を修復してくれた。あんたがご神事をしたからそれですんだんやで。結界というのは、人間にしか張れないしな」と感謝されました。

その後、ニュースで震源地の地図を見ると、ちょうど僕が龍舞崎から金華山に向かって祝詞を奏上した、その延長線上の福島沖となっていました。

ドンピシャです。だから、大地震でも津波が起こらず、人的被害も最小限にできたのだと思います。

そうしたご神事が、本当に世のため人のために役に立つということをあらためて確信しました。

ですから、先ほどの僕独自のご神事も、今後、発動しようと思います。そうしたらもっと世の中が良くなって、みんなが神様の気持ちに沿った生活ができるはずです。

これまでのように、一部の閉じたところだけでやるのは、もう限界にきていると思います。あの秘儀を広めた人たちも、中国の密教としてとどめているのはもったいないということで、布教活動をしているのだろうと納得しました。

山崎　保江先生は本当に誘《いざなわ》れていますね。

保江　そうですね。イザナギ、イザナミに誘われています。

山崎　先生のご神事の後継者はいるのですか？　今は、先生しかそのご神事はできないのでしょうか？

保江　本当は、すべてを完璧にするには巫女が必要です。伯家神道の先代の巫女様が指名した中で、一番期待されていていた巫女が、京都にいらっしゃいます。毎月の東京でのご神事のときはその人が来てくれて、僕が神官を務めます。

巫女は、もちろんある程度のお作法を知る必要はありますが、神官のようにご神事を詳しく理解する必要はないし、覚えなくてはいけないことも少ない。ただ、いてくれるだけでいいのです。

実は神様は、女性がお好きで男にはまず興味を示しません。古事記でもそうですね。昔から神社が巫女を抱えるのは、神様が来てくださりやすくなるからです。

金華山でのご神事も、秘書が巫女としていてくれたからこそ完璧にできたのです。でもこれからは、僕が独自にやってしまうことにしました。この程度のことは、神官である僕だけで充分にできますからね。

山崎　そちらへ舵を切られる感じですね。

保江　今は幸いなことに、東京、関西、岡山、たまに東北地方とかにも移動するでしょう。

いろんなところでいろんな人に出会うので、「この方は」と思ったら、子どもからおじいちゃんおばあちゃんに至るまでやってみます。

山崎　外でご神事をなさるときは、イメージの中でやるのですか？

保江　ご神事は、実際に体を使わなくてはならないのです。だから、ご神事では柏手を打つでしょう。

神様からいただいたこの体を活用するというのも、ご神事の一環なんですね。

ただ、外で勝手にするとき、音が気になるようなら音を出さない打ち方もありますし、祝詞も、声に出せないときはそれなりの奏上の仕方があります。

作法はいくらでもあるので、その時々に応じて臨機応変にしていこうと思っています。

吟遊詩人ならぬ、吟遊神主といいますか、要するに一匹狼的に勝手にやろうかと。

山崎　ボヘミアン的にやっていくということですね。

保江　まさに、ボヘミアンですね。

風の時代にとまどっている不思議の国のアリス

保江　山崎さんは最近、どうされていましたか？

山崎　僕はずっと東京にいましたが、風の時代は、僕にも向いていますね。土の時代からすでに風の生き方をしていたので。

でも、風の時代になってとまどっている人が、ものすごくたくさんいるように思います。

僕は、「団体旅行から個人旅行に変わった」という表現を使っているのですが。

例えば、団体旅行は他の人にも合わせなくてはいけないので不自由ですが、コントロールされているわけですから、仮に行き先を知らなくても大丈夫です。

他にもいろいろなお世話をしてくれるでしょう。

例えば、トイレの心配までしてくれる。「しばらくトイレがございませんので、ここで行っておいてください」とアナウンスをしてくれますね。

そのかわり、午後の予定は飛ばしてもいいから、もっとゆっくりここの美術館を廻りたいと思っても、それはできない。

街を案内されるときも、先頭のツアコンさんが持つ旗をひたすら見ておかないといけません。

そして、時間に余裕を持たせてスケジュールが組まれているので、11時にバスに戻ってください というと、だいたい11時20分くらいに全員が集まることになる。

だから、しっかりと時間厳守する人は、なんだか損してるみたいな気持ちになるわけです。

一方で、お土産を買っていてうっかり遅れてしまうような人にとっては、ちゃんとそのバグも織り込んでもらえていて助かる。

というのが、今までの土の時代だと思います。

それが、個人手配の旅行になると、まったく変わります。自分が主体で、何でも自由にできる。

僕は、風の時代になってとまどっている人について、『不思議の国のアリス』の話を例えにしているのですが、不思議の国にいろんなキャラクターがいる中で、アリスがチェシャ猫と出会いますね。

「どっちに行ったらいいのかわからないの」とアリスがいうと、チェシャ猫は、

「どこへ行きたいんだい？」といいます。アリスが、

「それがわからないの」と答えると、

「だったら、どっちだっていいさ」というのです。

今は、この状態に入っていると思います。

「どうしたらいいんですか？」とたずねて、「どうしたいの？」と聞かれても、それがわからない。

保江　よくわかります、それは。

山崎　風の時代になって、自分で決めなくてはいけなくなってしまったわけです。

例えば、管理者がいないと仕事ができない人、オンラインで家で仕事をするのが難しい人、「次はこれして、その次はあれ」などと指示されないと動けない人などが、すごく混乱しているのかなと思うのです。

カーナビは、目的地を入れるとルートが出てきて、次を左、次を右というように、こなすべき課題をくれるのですが、まずは目的地を入れるということが大前提です。

目的地がわからなければ、何も始まらないのですよね。

課題を与えられていた土の時代に対して、風の時代は、「課題は自分で考えてください」といわれるわけです。

でも、僕たちの周りには問題がたくさんあって、それを解消しているだけで1日が終わってしまいます。

課題はまだわからないし、目的地に何を入れたらいいのかも判然としていない。なのに、問題はある。

だから、みんな頑張っているわりに思うようには人生が進んでいかないのですね。

そんな人が大半で、今、クラブハウスで質問を受けると、みんなどうしたらいいかわからないし、どこに行きたいのかもわからない、アリス状態に入ってしまっているのです。

自分の心の羅針盤に従う人たちにとっては、すごく生きやすいと思いますが、心の赴《おもむ》くままに進むって、勇気がいりますよね。

まだ土の時代の残像が残っているので、常識的なものも引き続いている。

でもみんな、心はそちらに向いていないのです。

だけど、新しいものを選ぶには勇気がいるので、とまどっているのだと思います。

保江　今、うかがってわかったのが、僕が独自のご神事を勝手に広めていくことの意義です。

おかげさまで腑に落ちました。

風の時代になって自分でゴールを設定する必要があるけれど、勇気も決断力もいるのでなんだか怖い。

迷っている、困っている、怖がっている、そんな人がたくさんいます。そこに、僕がご神事をしておくと、神様からのインスピレーションを受け取りやすくなります。

僕が、カーナビが右に行けというのになぜか左に行ってラッキーだったように、とにかく結果的にそれでよかったということが起こりやすい人間になっていただけるのです。

これが目的だと、今わかりました。

変なおじさんが知らない間にこちょこちょとしてくれたら、神様のお導きを得やすくなって、なんとなく気の向いたほうにいけばうまくいくわけです。

なんか、ヒーロー的な名前が欲しいですね。

日本のヒーローだったら、怪傑ハリマオとか月光仮面とかいましたが。

山崎　馬に乗ってくるようなイメージもありますね。

保江　白馬の騎士。いいですね。キリスト教ではペイルライダーという青白い馬に乗って悪人を殺しにくる騎士。

『ペイルライダー』という映画もありましたが、クリント・イーストウッドが監督主演した西部劇です。

山崎　どんなお話なんですか？

保江　主役は牧師さんで、元早撃ちのガンマン。

牧師になってからは、銃を持たなくても強くて、弱きを助け強きをくじく。こういう生き様でありたいなと思えるような人物です。

強さと優しさを兼ね備えた牧師に助けられ、迫害に屈しかけていた村人たちが再び団結していくのも感動的なのです。ぜひ、観てみてください。

本当に、今のお話はありがたいです。まさに今、風の時代の迷える子羊を救うという目的が見えました。

おかげさまで、だんだんやる元気が湧いてきました。

山崎　ペイルライダーはかっこいいですね。

保江　この前、スズキのジムニーを買いましたから、ペイルライダー号と呼ぶことにします。

ペイルライダーは、ジムニーに乗って現れる。

信号で止まったときに、横断歩道を渡っている人などでこの人はと思ったら、ささっとご神事をしてしまえるように、一瞬でできるお作法にまとめます。

「あなたの横顔にすっと風が吹いたら、ペイルライダーがご神事をしてくれたのかもしれません」みたいな。

勇気が人をセクシーにさせる

山崎　いいですね！

風の時代の話をするときに、心の向くほうに行くのは勇気がいるじゃないですか。だから、セミナーでは、

「勇気が人をセクシーにさせるんだよ」といっているのです。

保江　いいですね、その表現！

山崎　「みんな、セクシーに生きたいですか？」と聞くと、全員「セクシーに生きたい」といいます。

「だったら、勇気を出してください」というのです。チャレンジのときに、「この人、ゾクッとさせる雰囲気があるな」と思ってもらえますから。

保江　確かに、事実そうですよね。思いきりが色気を産むみたいな。

山崎　先生が柏手を打つと、その人がセクシーになっていくということです。神様とつながって、みんながセクシーなほうに一歩を踏み出していく。

すごく面白い話があって、僕は今、それにはまっています。

知り合いに膝を壊した長距離ランナーがいて、なんとかしてあげたかったので、柔《やわら》ちゃんのトレーナーだった親しい友人に、診てくれるように頼んだのです。

彼の走りをスローモーションで見ると、踏み込んだときに膝がきゅっと内に入っていました。それで、膝の半月板を壊してしまったのです。

トレーナーがいうには、走り方を根本的に変えないといけないということで、ナンバ走りのYouTubeを観るようにアドバイスをしてくれたのですが、僕もはまってしまいました。

今は毎日、ナンバ走りで3キロ走っています。

昔の飛脚は、今考えるとありえないくらいの長距離をナンバ走りで移動していたようですね。駅伝方式でやっていたとは思いますけれど、あのナンバ走りに何かあるんじゃないかなと思うのです。

保江　江戸時代までの日本人は、みんなそういう動き方でした。腰を一切捩《ね》じらない歩き方、走り方だったのです。

山崎　刀があったからというのもあるらしいですね。

保江　もちろんそうです。

刀が腰にあるから、体を捻じれない。それに、捻じると筋肉を使うから、それだけ疲れも出ます。

だから慣れてくると、ほとんどエネルギーを消費せずに動けるわけです。

山崎　オリンピックでも、末續《すえつぐ》選手がやっていましたね。

保江　走るのに、一番速くて理にかなっているのは、四つ足です。

馬や犬を見ていると、歩くときは交互に足をつきます。

ところが走り始めると、同時に動かすので４本とも浮いているのです。４本浮いて、４本地についていて、という走りになるわけです。

我々はもともと動物の身体なのに、それがたまたま二足直立しているというだけなのですね。もともとは、四つん這いが正常な姿なのです。

例えば、胃袋を支配する神経が胸椎の３番あたりから出ており、そのおかげで人間の胃袋は完全に動きます。

ところが立っていると、神経支配をしようにも胃袋より上からの重力で、神経線維が細く引っ張られます。それで、胃袋はうまく作動できなくなってしまうのですね。

だから、四つん這いで動いているほうが、内臓も諸器官も、本来の機能が充分に活かされるそうです。

人間の動き方も、犬や馬の走り方、歩き方に合わせたほうがいいという考え方もあるのです。例えば、ボクサーはよくわかっています。普通、腕立て伏せをするときには肘を開いてしまいますが、これだとけっこう筋を痛めます。だからプロボクサーは、肘をできるだけ開かずにするのです。開いてやると肩だけに力が入って、表面の筋肉しか鍛えられませんが、体の脇に肘を持ってくると、インナーマッスルが鍛えられて、腹筋と背筋の力が出せるのです。肘を開くやり方では表面が硬くなるだけで可動性が低くなるので、そうした鍛え方をした人がボクシングで殴ってもほとんど響きません。

スローモーションで野生の動物の動きを見ていると、力まずに滑らかに効率よく、4本の足をうまい具合に連動させています。

山崎　しなやかな走りですよね。

保江　だから、そうして鍛えている運動選手は体を壊さないそうです。

チーターや馬も、人間のようには体を壊さないでしょう。筋肉の使い方が自然なんでしょうね。

山崎　スポーツの指導者にも、「ウォーミングアップするチーターはいない」といって、ウォーミングアップをさせない人がいますね。それ自体が不自然だって。

保江　僕も自分の道場では、絶対にウォーミングアップはさせないです。

自然の中で大いなるものに抱かれ癒やされるとき

山崎　そうなんですか。

最近、コーチングを受けています。その中で、今どんな人とお付き合いしているのかを、ポストイットに書き出すことになりました。

それをグループ分けすると、3タイプありました。

まず、自分が成長できるような仲間、仕事の仲間、そして家族です。

自分を真ん中に、この人はこれぐらいの距離感で、こっちの方向かな、とマッピングしていくと、空いているスペースができました。

「このスペースは何ですか?」と聞かれたので、わからないと答えると、「じゃあ、違う色のポストイットを好きなスペースに貼ってください」というので、空いているところに貼りました。

そして、これは誰かと聞かれたのですが、誰というわけではないんですよね。

「じゃあ、何か言葉を入れてください」というので、

「光、守ってくれる、助けてくださる、許してくれる」と書きました。そして、

「それを眺めていてください」というので、いわれたとおりに眺めていたのです。

すると、わかりました。僕が子どもの頃、それは親でした。僕を守ってくれて、許してくれていました。

それが、大人になるにつれて、父親が他界したり母親が弱くなったりして、今は、僕がそれを子どもたちや仕事の仲間にしています。

そうすると、僕を守ってくれたり、許してくれるような存在はいったい何か?

それは、神様だったり大自然だったり、宇宙だったり、目に見えないものなのです。

今の僕には、その部分が欠落していたわけです。

それで、昨年末に初めて、ガラにもなくキャンプというものに行きました。僕はそういうの

が苦手だったので、みんなに笑われましたが。

キャンプというのは、自然の中で過ごすということですよね。自然の中で大いなるものに抱かれて癒やされて。

すると、帰りにはめちゃめちゃ元気になっていて、ものすごくエネルギーが入ったというのがわかったのです。

以前はいろんな場所に行っていたのが、今はずっと東京にいるので、そういう自然のエネルギーが欠乏していたのだと思います。

幼い頃は、神社仏閣って別に楽しいところではありませんでした。それが、大人になるとこぞって、

「神社に行くんだったら自分も行きたい」という感じじゃないですか。

あれは、そうした存在を求めているということですよね。大人になるにつれて増えてきた欠乏感を埋めるために。

自然を求めたり、神を求めたりしないと、心がスカスカになってしまうわけです。

今、欠乏している人は大勢いますから、そういう人たちは、自然に触れたり、神社仏閣などに行くのがいいと思います。

今度また、九頭龍《くずりゅう》神社に行きますけれども、そういう圧倒的に大きな存在に触れていないと、

人間はダメですね。

保江　そのとおりです。

僕も、頭が疲れたときに観るのが、BS放送の『ヒロシのぼっちキャンプ』です。タレントのヒロシという人が、1人でキャンプをするという番組で、彼はできるだけ手を抜いて上手くやるのですが、見ているといいなと思います。

自分はキャンプは嫌いなのですが、これを観るだけでもけっこう癒やされています。ヒロシが明け方に目覚めて、焚き火でコーヒーをいれて飲んで、片付けて帰るときの元気な様子を見ると、確かに、大自然からエネルギーをもらっていますね。

山崎　すごくもらえるんですよね。また行きたいと思います。

保江　アメリカインディアンか、あるいはオーストラリアの原住民のアボリジニーかもしれませんが、大人になるときの儀式が、何も道具を持たされず森に放り込まれて、とにかく無事に帰ってくること。これができたら、一人前の戦士だと認められます。

大自然の中のキャンプは、道具はあっても、それに近いのではないですか。

山崎　子どもの頃は田舎に住んでいたので、それでエネルギーが漲《みなぎ》っていたのだと思います。先生も、定期的に岡山に戻らないと、エネルギーが枯れてしまいませんか？

保江　僕もせっかく四輪駆動のジムニーを買ってペイルライダーをやるわけだから、やっぱり山や川にも行っておかないとね。

山崎　僕は、キャンプをしていたわけでもないくせに、夢マップみたいなビジョンボードを作ると、必ずキャンピングカーが出てくるのです。
　だから、本当はやりたいのだと思います。心は求めているわけです。

保江　僕も、岡山ではキャンピングカーが書斎です。

山崎　エアストリーム、かっこいいですね。

保江　アポロで月に行ったアメリカの宇宙飛行士が地球に帰ってきたとき、海に着水したのを航空母艦に乗せて、まずはそこに並べたエアストリームに数週間、滞在していました。当時は、月にもバクテリアや細菌がいると思われていたので、汚染されていないかを確認するために、一人ずつ入れられたのです。

内装が宇宙船のようなギラギラしたアルミのリベット打ち。

窓から外を見たときに、航空母艦の上にいるような気分になりたかったのです。

それには、外にジェット戦闘機があるとますます雰囲気が出ると思ったので、2機を輸入しました。

山崎　家の庭に戦闘機があるのですか？

保江　はい。ふっと外を見ると、本当に艦長になったような気分になれるのです。

山崎　最高ですね。

保江　こんなしょうもないことにお金を使ってね。

山崎　いやいや、もう、最高ですよ。今回の対談も、本当に最高でした。ありがとうございました。

保江　こちらこそ、最高の対談をありがとうございました。

夢中人になりませんか（あとがきに代えて）

バシャールとの対談本、『この瞬間より大事なものなんてない 今ここが人生の目的地なんだ』（VOICE）の著者である山崎拓巳さんと対談をしませんかというお話は、2年ほど前に拙著、『せめて死を理解してから死ね 孤独死のススメ』（VOICE）を出してくださった出版社の社長さんから一言、いただいてはいました。

ですが、そのときの僕の本の売れゆきがかんばしくなかったためでしょうか、その後は立ち消えになってしまっていました。

そんなことも完全に忘れていた昨年末、総合格闘技の大山峻護選手との会食の場にお出でくださったのが、山崎拓巳さんでした。

初めてお会いしたにもかかわらず、まるで竹馬の友だったかのように話も波長も合って、大いに盛り上がってしまったのには驚きました。それに加え、当日連れていった2名の美人秘書は、その山崎拓巳さんを見つけるなり何やら2人でヒソヒソ話をしていたと思えば、さっそくにそれぞれツーショット写真をお願いするなど有頂天の極み。

さらには、そのとき同席していただいていた大山峻護選手の奥様で元アイドル歌手の河田純子さんだけでなく、遅れて駆けつけてくださった谷村奈南さんという初対面の美女も山崎拓巳さんにはずいぶんと気を許していらっしゃるようでした。

やはり、同行してくださった明窓出版の美人社長さんも、さっそくに山崎拓巳さんに僕との対談を提案してくださるなど、僕から見て山崎拓巳なる人物は、「女たらし」としか映りません。


ところが、but、しかし！

都合3回にわたる長時間の対談を進めていくうち、僕はこの山崎拓巳の真の姿は「女たらし」などではなく、最高の褒め言葉の意味で、「人たらし」であることが理解できました。

そう、彼に出会った人間は男女を問わず誰もが、出会ったその瞬間から山崎拓巳の虜になってしまうのです。

もちろん、その例外ではなかったこの僕が、対談終了までに最大の関心を払って見届けようとした点は、唯ひとつ。

山崎拓巳は、いったいなぜこれほどまでに人々を魅了してしまうのか、その理由を知りたかったのです。


そして、最後にこの宇宙空間に漂う地球人である我々に神様がお示し下さったことは、山崎拓巳は無限に広がる「夢中空間」の中を縦横無尽に楽しみつくしている「夢中人」であるという事実。

さらには、どうやれば地球人の殻を脱ぎ捨てて「夢中人」になることができるのか、その方法までをも山崎拓巳の口からカミングアウトさせてしまったのです。

新型コロナウイルス騒動もその真相究明が棚上げされたまま、一部外国からの策略に踊らされ続けている地球人が日本の社会にも蔓延し始めている今こそ、我々有意の人間が立ち上がって自らの生き様を変えていくことで、「夢中人」とならなくてはいけません。

そのための一番簡単な方法を山崎拓巳さんが熱く語ってくれているのが、ここに収録された僕との対談なのです。

できるだけ多くの皆さんに最後まで読んでいただき、少しでも多くの地球人を、輝ける「夢中人」へと変身させていくことができるならば、地球人代表として「夢中人」山崎拓巳の「夢中空間」を探検するという重要な使命を果たすことができたと信じます。

さあ、「夢中人」になって、「夢中空間」へと旅立ちましょう！

我が人生2回目の東京オリンピックの真っ直中において

保江邦夫

神《かみ》さまにゾッコン愛《あい》される 夢中人《むちゅうじん》の教《おし》え

保江邦夫《やすえくにお》　山崎拓巳《やまざきたくみ》

明窓出版

令和三年八月二十日　初刷発行

発行者 ―― 麻生 真澄
発行所 ―― 明窓出版株式会社
〒一六四―〇〇一二
東京都中野区本町六―二七―一三
電話 （〇三）三三八〇―八三〇三
FAX （〇三）三三八〇―六四二四
印刷所 ―― 中央精版印刷株式会社

ISBN978-4-89634-436-3

保江 邦夫（Kunio Yasue）

1951年、岡山県生まれ。理学博士。専門は理論物理学・量子力学・脳科学。ノートルダム清心女子大学名誉教授。湯川秀樹博士による素領域理論の継承者であり、量子脳理論の治部・保江アプローチ（英：Quantum Brain Dynamics）の開拓者。少林寺拳法武道専門学校元講師。冠光寺眞法・冠光寺流柔術創師・主宰。大東流合気武術宗範佐川幸義先生直門。特徴的な文体を持ち、70冊以上の著書を上梓。

著書に『祈りが護る國　アラヒトガミの霊力をふたたび』、『浅川嘉富・保江邦夫 令和弐年天命会談 金龍様最後の御神託と宇宙艦隊司令官アシュターの緊急指令』（浅川嘉富氏との共著）、『薬もサプリも、もう要らない！ 最強免疫力の愛情ホルモン「オキシトシン」は自分で増やせる‼』（高橋 徳氏との共著）、『胎内記憶と量子脳理論でわかった！『光のベール』をまとった天才児をつくる たった一つの美習慣』（池川 明氏との共著）、『完訳 カタカムナ』（天野成美著・保江邦夫監修）、『マジカルヒプノティスト スプーンはなぜ曲がるのか？』(Birdie氏との共著)、『宇宙を味方につける こころの神秘と量子のちから』（はせくらみゆき氏との共著）（すべて明窓出版）、『東京に北斗七星の結界を張らせていただきました』（青林堂）など、多数。

山崎 拓巳（Takumi Yamazaki）

1965年三重県生まれ。広島大学教育学部中退。

20歳で起業。22歳で「有限会社たく」を設立。現在は多岐にわたる事業を同時進行に展開中。


現在までに50数冊、累計160万部のベストセラー作家。

主な著書に『やる気のスイッチ！』､『人生のプロジェクト』（ともにサンクチュアリ出版）､『スゴイ！話し方』（かんき出版）など、多数。


日本のみならずアメリカ、香港、台湾、韓国、中国ほか、海外でも広く翻訳出版されている。講演活動は､｢凄いことはアッサリ起きる」-夢-実現プロデューサーとして、メンタルマネジメント、コミュニケーション術、リーダーシップ論など多ジャンルにわたり行っている。

アーティストとしての活躍の場も拡がり、国内海外にて絵画展､Tシャツやバッグなどの展開も。最近では､映画出演（『少女椿』)､作詞家活動（ムッシュDとのコラボ)､飲食店オーナー等（タクメン@NY)、あらゆる可能性にチャレンジを続け、今後更なる活躍が期待されている。

日本国の本質を解き明かし、令和からの世界を示す衝撃の真・天皇論——

「平成」から「令和」へ。新しい時代の幕開けにふさわしい全日本国民必読の一冊。

祈りが護る國
アラヒトガミの霊力をふたたび

保江邦夫 著

本体価格：1,800円＋税

このたびの譲位により、潜在的な霊力を引き継がれる皇太子殿下が次の御代となり、**アラヒトガミの強大な霊力**が再びふるわれ、**神の国、日本が再顕現される**のです。
《天皇が唱える祝詞の力》さらには**《天皇が操縦されていた「天之浮船」（UFO）》**etc.
についての**驚愕の事実を一挙に公開。**